KB204342

결혼에
울다

이 속에는
믿음도 있고
불순물도 있습니다.

기적도 있고
실패도 있습니다.

소설이 아닙니다.
제 인생입니다.

결
혼
에
울
다

송인경 지음

홍
성
사

2.

울다

3.

바라봅니다

1

결혼이라는 모험

결혼

나는 결혼이
향기 나는 정원으로의 초대인 줄 알았다
행복이라고 이름 붙인 형형색색 꽃들은
내가 누릴 마땅한 권리라고 생각했다
가장 아름다운 벤치에 앉아 향기에 취해
노래만 불러도 60대가 될 줄 알았다
그런데 알고 보니 그곳이 공사판이더라
끝도 없는 땅 위에 날더러 집을 지으란다
사랑하면 지어지고 화내면 무너진단다
기다리면 문이 달리고
조급하면 구멍이 난단다
아름다운 정원이라 생각했는데
비어 있는 정원이더라
꽃들이 행복이라 생각했는데
겨울 오면 다 떨어진단다

누구 네는 꽃 지면 떠나가고
누구 네는 꽃을 심는다던데
나는 집을 지으련다
각목과 장도리를 손에 들고
내 살들을 좀 거칠게 해보련다
내 님 보기 좋으라고 나는 나무를 심을 테다
내 님 듣기 좋으라고 나는 노래도 부를 테다
여름이 오고 가을이 오고 겨울이 와도
님과 나는
그 집에 앉아 내리는 눈발을 맞으면서
푸른 나무들을 보겠다
그리고 초대할 것이다
집이 필요한 많은 정원지기들을

돌아갈 수 없어요

　　외진 시골에 자리 잡은 시장이었지만 풍부한 지중해성 기후의 축복이 우리 두 사람의 온몸에 흠뻑 스며들었습니다. 정겨운 시골 장터의 분위기를 만끽한 뒤 상큼한 체리를 한가득 안고 숙소로 돌아가는 버스 안에서 저와 아내는 신혼여행의 흥분과 즐거움에 심취되어 있었습니다.

　　우리의 신혼여행은 아담한 시골 마을에서 시작되었습니다. 장난감 같은 집들이 모여 있는 아기자기한 동네였습니다. 낯선 나라의 시골 풍경을 구경하는 즐거움을 충분히 즐긴 우리는 신비의 땅 카파도키아(Cappadocia)로 떠나기 위해 커다란 버스에 몸을 실었습니다. 10시간이나 걸리는 긴 여정이었습니다. 끝이 보이지 않는 거대한 터

키 대륙을 가로지르며 저와 아내는 사랑을 속삭였습니다.

붉은 태양이 그날의 무대에서 내려오고 있을 때 우리는 아름다운 땅 카파도키아에 도착했습니다. 아내는 커다란 풍선을 타고 하늘을 날아다닐 생각에 무척이나 들떠 있었습니다.

우리는 요란한 바퀴 소리가 나는 캐리어를 끌고 숙소를 찾아 헤매기 시작했습니다. 우리는 카파도키아의 여러 언덕들을 누볐습니다. 미리 숙소를 예약하지 못한 탓에 원하는 방을 얻기가 생각보다 쉽지 않았습니다. 하지만 뜻밖에 발견한 아담한 숙소는 우리를 만족시키기에 충분했습니다. 마치 동굴 속에 들어와 있는 듯 신비로운 곳이었기 때문입니다.

카파도키아의 이색적인 분위기에 한껏 취한 우리는 생각보다 맛이 없었던 저녁 식사에 대해 이야기 나누며 침대 위로 몸을 던졌습니다. 기나긴 버스 여정으로 무척이나 피곤했기에 아내와 저는 금세 잠이 들었습니다.

시간이 얼마나 지났을까요? 한밤중에 들려온 정체 모를 소리에 저는 그만 잠이 깨고 말았습니다.

"응???"

가까스로 정신을 차린 저는 골똘히 귀를 기울였습니다. 그것은 분명 울음소리였습니다. 방 안을 가득 채우는 아내의 울음소리가 두 귀에 똑똑히 들려왔습니다.

이윽고, 어둠 속 침대 위에 앉아 구슬프게 울고 있는 아내의 모습

이제 눈에 들어왔습니다.

"공주님, 왜 그래요? 무슨 문제 있어요?"

(저는 항상 아내를 '공주님'이라는 애칭으로 불렀습니다.)

순식간에 온갖 종류의 걱정이 몰려왔습니다. 무슨 큰 일이 일어난 걸까? 내가 어떤 심각한 잘못을 저질렀나? 혹시 나랑 결혼한 걸 후회하는 건 아닐까?

저는 아내를 진정시키려 했지만 그렇게 할 수 없었습니다. 아내의 울음소리는 한참이나 지속되었습니다. 저는 가만히 앉아서 아내를 기다려 주는 것 외에는 할 수 있는 일이 없었습니다. 한참을 울던 아내는 마침내 울음을 그치고 저에게 말했습니다.

"정말 행복한 삶이었는데, 이제 다시는 그 삶으로 돌아갈 수 없어요."

울먹이며 힘겹게 고백한 아내의 몇 마디는 제 마음에 지울 수 없는 교훈을 새겨 주었습니다.

'다시는 이전의 삶으로 돌아갈 수 없다….'

우리는 선택을 합니다. 그리고 그 선택의 결과에 따라 영향을 받습니다. 그렇게 되면 다시는 이전의 삶으로 돌아갈 수 없습니다. 이것이 바로 결혼이라는 모험의 위험성입니다.

한번 결혼하면 다시는 이전의 삶으로 돌아갈 수 없습니다. 더 행복한 삶이 이어질 수도 있고, 꿈꿨던 인생이 펼쳐지지 않아 후회하며 살아갈 수도 있습니다.

그래서 결혼은 모험입니다.

혼인신고를 하지 않고 결혼식만 올린다 한들, 이혼으로 관계를 정리한다 한들, 마음에 새겨진 깊은 사랑의 흔적이 그 무엇으로 쉽게 지워질 수 있을까요?

여러분….

다시는 돌아갈 수 없습니다. 그래도 모험을 하시겠습니까?

모험으로의 초대

제가 원하는 것은 그녀의 전화번호였습니다. 번호를 알아내기 위해 저는 고민했습니다. 오랜 고민 끝에 아무에게도 들키지 않고 번호를 알아내는 방법을 생각해 냈습니다. 저는 친구에게 나의 그녀(머릿속에서는 이미 나의 그녀였습니다)가 속해 있는 그룹원들의 번호를 전부 알려 달라고 부탁했습니다. 친구는 제 속내도 모른 채 그룹원 모두의 번호를 알려 주었습니다. 드디어 소기의 목표를 달성한 저는 그 번호를 바라보며 한참을 망설였습니다.

'연락을 할까, 말까, 할까, 말까….'

사실 결정하는 데 5분도 안 걸렸습니다. 거절당해도 좋으니 이 마음을 고백하고 싶었습니다. 이미 한 달 동안 그녀는 내 마음을 차지해 버린 걸요. 눈을 떠도 그녀가 보이고, 눈을 감아도 그녀가 보였습니다. 어느덧 나의 꿈속까지 차지해 버린 그녀…. 나는 이미 그녀의 개인 소장품이었습니다. 하지만 그때까지만 해도 저는 그녀의 얼굴과 목소리 이외에 별로 아는 것이 없었습니다.

마침내 저는 용기를 내어 메시지를 보냈습니다.

"ㅇㅇㅇㅇㅇㅇㅇ"

→ 우리 만날까요?

답장을 기다리는 몇 분이 정말이지 길고 길었습니다. 한 5분 정도 지났을까요. 제 심장을 녹이는 답장이 도착했습니다. 그건 바로 그녀 역시 저를 만나고 싶다는 내용이었습니다. 저는 입이 귀에 걸린 채로 차에 시동을 걸었습니다. 수원까지 달려가는 한 시간 동안 저의 건강한 심장이 힘차게 박동했습니다.

그렇게 우리의 모험은 시작되었습니다. 봄은 따뜻했고 여름은 산뜻했고 가을은 포근했고 겨울은 푸근했습니다. 그녀의 사랑은 저의 사계절을 행복으로 채색해 주었습니다. 저는 그녀로 마음을 채웠고 그녀는 저로 마음을 채웠습니다. 부드러운 사랑의 밧줄이 우리를 묶어 주었으며, 우리는 그 아름다운 구속 안에서 마음껏 행복을 누렸습니다.

사랑에 빠진 지 1년 쯤 지난 어느 날, 저는 야경이 흐르는 한강 공원으로 그녀를 데리고 갔습니다. 그 밤의 풍경 속에는 그녀를 위한 선물과 향기 나는 꽃다발, 그녀 앞에 무릎 꿇은 제가 있었습니다. 세상 누구보다 아름다운 그녀는 그윽한 눈으로 저를 바라보고 있었지요. 수백 번이나 연습했지만 여전히 떨리는 목소리로 고백할 수밖에 없었던 그 말.

"나랑 결혼해 줄래요?"

그녀는 환하게 웃으며 저를 안아 주었습니다.

그 밤의 서울은 아름다웠고 한강은 우리 곁으로 유유히 흐르고 있었습니다. 세상의 모든 행복이 저희 두 사람에게만 쏟아지는 듯 황홀한 밤이었습니다.

설마 오빠도
포르노를 본 적이 있어요?

그날은 참 기분이 좋았습니다. 결혼식이 얼마 남지 않았기에 행복했고, 사랑하는 사람의 손을 잡고 있었기에 더 행복했습니다. 좁은 차 안에서 그러쥔 그녀의 따뜻한 손은 미래의 행복을 보증하는 수표처럼 느껴졌습니다. 하지만 그녀가 무심코 던진 질문 하나가 제 모든 행복감을 순식간에 날려 버렸습니다.

"혹시…. 오빠도 포르노 같은 거 본 적 있어요?"

"네? … 포르노요? … 음… 그러니까… 음… 그게… 아… 그게 아니라…."

그리고 대화는 더 이상 이어지지 않았습니다.

얼굴이 화끈거리며 손에서 땀이 나기 시작했습니다. 불현듯 손을 놓아 버릴 수도 없고, 그렇다고 계속 잡고 있기도 민망했습니다. 문득 도망가고 싶은 충동이 솟는 한편 그녀가 원망스럽기도 했습니다. 사랑하는 사람에게는 결코 보여 주고 싶지 않은 과거의 잘못을 들킨 것 같은 느낌이 들었기 때문입니다.

결혼이 며칠 남지 않은 시점에 저는 심각하게 고민하기 시작했습니다.

'나는 더러운 사람인 걸까. 그녀를 사랑한다고 고백했지만, 사실 나는 그저 음란한 사람에 불과한 걸까? 과연 나 같은 사람이 그녀를 순수하고 멋지게 사랑해 줄 수 있을까….'

이런 고민들이 저의 머릿속을 가득 채웠습니다.

컴퓨터 화면을 통해 보았던 성적인 장면들이 떠오르기 시작하는 가운데 숱한 후회와 죄책감이 밀려들었습니다. 그녀에게 주어야 할 선물인 내 몸과 마음을 더럽혔다는 생각이 들었습니다. 이렇게 잔뜩 오염된 내 몸과 마음을 선물로 주는 것이 그녀에 대한 예의가 아니라는 생각도 들었습니다. 하지만 결혼을 포기할 수는 없는 노릇이었습니다.

소년의 성교육

　　제가 어렸을 때에는 좋은 성교육 방법이 없었던 것 같
습니다. 적어도 열세 살이 되기 전까지 저는 순수한 어린아이였습니
다. 그런 저를 어른들만의 새로운 세상으로 안내한 친구는 바로 아
버지가 구입해 오신 '386컴퓨터'였습니다. 그 친구를 통해 저는 처
음으로 성(性)의 세계에 눈을 떴고, 그 세계는 저에게 커다란 영향
을 끼쳤습니다.

　386컴퓨터는 그리 지혜로운 친구는 아니었습니다. 그 친구가 보
여 주는 다양한 장면들은 저를 흥분시키기에 충분했지만, 그 흥분들
이 갖는 의미가 무엇인지는 가르쳐 주지 못했습니다. 그래서 저는 컴
퓨터에 나오는 다양한 장면들을 보면서 그 장면이 의미하는 것이 무

엇인지 혼자 추측할 수밖에 없었습니다.

그 추측은 오랜 시간에 걸쳐 진행되었습니다. 몇 년이 지난 뒤 저는 성이 매우 부끄러운 것이며 감추어야 되는 것이라고 결론짓게 되었습니다. 그러다 보니 컴퓨터를 통해 성적인 장면을 보는 것이 굉장히 수치스럽게 느껴졌습니다. 하지만 그렇다고 컴퓨터를 버릴 수는 없었습니다. 컴퓨터는 이미 저의 '절친'이 되어 있었고, 그런 절친을 버리는 것은 남자가 할 일이 아니기 때문입니다.

컴퓨터와의 동행은 그렇게 시작되었습니다. 어떤 날은 컴퓨터 앞에 앉아 성적 장면들을 보며 시간을 보냈고, 어떤 날은 애써 컴퓨터를 외면하며 저를 통제하려 노력했습니다. 하지만 어떤 경우든 제 마음은 언제나 괴로웠습니다. 성적인 장면들을 볼 때에는 죄를 지었다는 생각과 함께 깊은 괴로움이 밀려왔고, 애써 외면하려 애쓰는 날에는 저를 향해 손짓하는 컴퓨터의 구애를 떨쳐 내려 온갖 노력을 기울여야 했기 때문입니다.

이런 힘겨운 시간들은 10년이 넘도록 지속되었습니다. 끈질기게 지속되는 괴로움 속에서 저는 몇 가지 결론을 내렸습니다. 그것은 내 안에 '성적 본능'이 심겨 있다는 것이었습니다. 그런데 이 본능에 대한 저의 생각은 참 부정적이었습니다.

'왜 이런 성적 욕구들이 나를 이토록 힘들게 하는 것일까?'

저는 참 괴로웠습니다. 성적 본능을 느끼는 나 자신이 참 못나고 형편없는 사람처럼 느껴졌습니다. 여성들의 몸을 보면서 성적인 충동에 사로잡히는 스스로를 가치 없고 쓰레기 같은 사람이라고 생각했습니다.

나 스스로를 쓰레기 같은 사람이라고 느끼게 만드는 '성' 자체가 원망스럽기도 했습니다. 성적 본능이 아예 존재하지 않는다면 세상에 넘쳐 나는 끔찍한 성범죄들이 없어질 것이라고 생각하면서 스스로의 생각을 합리화하기도 했습니다.

과연 성이 없어지는 것이 세상을 위해서 정말 좋은 일일까요?

지금은 성에 대한 저의 생각이 바뀌었습니다. 성은 나쁜 것이 아닙니다. 저를 괴롭힌 것은 성 자체가 아니라 성에 대한 '잘못된 인식'이었습니다.

인식의 변화는 참 중요합니다. 불순물이 잔뜩 묻은 유리창을 깨끗이 닦아 내면 그 안에 있는 아름다운 것들이 비로소 제대로 보이는 것처럼 말입니다.

도와주세요

땅거미가 내려앉은 저녁 시간. 조심스러운 발걸음으로 들어선 서점 안에는 짙은 책 내음이 가득했습니다. 빼곡하게 자리를 채우고 있는 책꽂이 사이로 책장 넘기는 소리와 책을 꺼내고 꽂는 소리가 들려왔습니다. 저는 키 큰 남자분이 읽고 있는 책 제목을 힐끗 쳐다보았고, 바닥에 앉은 여자분이 읽고 있는 책의 두께를 살펴보기도 했습니다. 하지만 평소에는 분명히 재미있었던 이런 행동들도 그날에는 그다지 즐겁지 않았습니다.

저는 고개를 약간 숙인 채 서점을 돌아다니기 시작했습니다. 직원에게 물어볼 수도 있었고 검색용 컴퓨터를 사용할 수도 있었지만, 차마 용기가 나지 않았습니다. 이윽고 '부부생활'에 관련된 코너를 발견했을 때, 갑자기 제 심장이 빠르게 뛰기 시작했습니다. 마치 주변에 있는 모든 사람들이 저를 쳐다보는 것만 같았습니다. 사람들이 수군거리는 작은 소리들마저 마치 저를 향한 비난의 소리처럼 들려왔습니다.

조용히 반 무릎을 꿇은 저는 책장을 뚫어지게 바라보았습니다. 과연 어떤 책이 저를 위한 구원자가 되어 줄 수 있을지를 고민하던 저는 마침내 두꺼운 책 한 권을 꺼내 들었습니다. 제목이 잘 보이지 않게 겨드랑이 사이에 책을 감춘 채 계산대에 선 저는 모든 직원이 여자라는 사실에 절망하면서 재빨리 돈을 집어 던지고 서점을 빠져나왔습니다.

집에 도착한 저는 가방에서 책을 꺼냈습니다. 비록 아무도 없었지만 문을 걸어 잠그고 두꺼운 블라인드까지 내린 후에야 마음이 조금 진정되었습니다. 두근대는 마음으로 책상 앞에 앉은 저의 머릿속에는, 문득 잔뜩 긴장한 채 컴퓨터를 바라보았던 어린 시절의 제 모습이 떠올랐습니다. 저는 이 책을 통해 얻게 될 놀라운 해답을 기대하며 책을 읽기 시작했습니다.

책은 두꺼웠습니다. 하지만 저에게 두께는 아무런 문제가 되지 않았습니다. 평소보다 두 배는 더 빨리 읽었거든요. 저절로 그렇게 되더군요. 책의 내용은 생각보다 명확하고 명쾌했습니다. 수많은 전문적 데이터를 바탕으로 풀어가는 전문가의 강의를 듣는 느낌이었습니다.

사실, 그날 밤을 샐 뻔했습니다. 너무나 궁금했던 질문들이 속 시원하게 해결되었기 때문입니다. 중요한 내용에는 특별히 검정 펜으로 밑줄까지 그어 가며 아주 꼼꼼하고 세밀하게 책을 정독한 저는 매우 상쾌한 기분으로 책을 덮을 수 있었습니다.

저는 저 스스로를 짐승 같은 사람으로 생각했었는데, 알고 보니 모든 사람이 다 짐승이더군요. 남자는 단순하게 자신의 본능을 느끼고 표현하는 짐승이었고, 여자는 복잡하게 자신의 본능을 느끼고 표현하는 짐승이었습니다.

제가 꿈꾸었던 것은 늑대에서 순수한 남자 사람이 되는 것이었습니다. 하지만 이런 일은 일어나지 않는다는 것을 알았습니다. 평생 한 마리의 암컷 늑대만 사랑하는 순수한 수컷 늑대가 되는 것이 오히려 건강하고 멋진 자연의 순리라는 것을 깨닫게 되었습니다.

성적인 충동을 그릇되게 사용하는 것은 물론 잘못된 일이지만, 성적인 충동을 느끼는 것 자체에 죄책감을 느끼는 것은 옳지 않다는 것을 배웠습니다. 중요한 것은 우리가 어떻게 남자와 여자에게 각각 주어진 성적인 에너지들을 건강하게 활용하는가의 문제입니다.

제가 알기로는 많은 사람들이 성적인 만족감을 느끼는 것을 배우자와의 성적 관계에 있어 유일한 목표로 삼고 있습니다. 이 목표가 물론 잘못된 것은 아닙니다. 하지만 이 목표가 '유일한 목표'가 되어 버릴 경우 우리가 놓치게 될 수많은 유익이 너무나 아깝다고 저는 생각합니다.

조금만 더 시야를 확장합시다.

현미경으로 바라보면 빨간색 언덕들만 보여도 현미경을 치우면 빨간 고무패드가 붙어 있는 탁구채가 보입니다.

현미경으로 바라보면 헝클어진 먼지 덩어리만 보여도 현미경을 치우면 아름다운 카펫이 보입니다.

비록 처음에는 성적 쾌락이라는 부분만을 보았던 사람이라도, 현미경을 치우면 당도 높은 과일들이 열려 있는 아름다운 과실수가 보일 것입니다.

아름다운 과실수를 발견하는 것은 특별한 축복입니다.

가까이 다가가 형형색색의 과일을 따서 사랑하는 배우자에게 선물할 수 있기 때문입니다. 남편이 내민 과일을 먹는 아내의 행복한 표정은 남편을 기쁘게 할 것이고, 아내가 선물한 과일을 먹는 남편은 충만한 행복을 느끼게 될 것입니다.

아내의 로맨스 vs 남편의 로맨스

여자는 사랑받고 싶어 하는 존재입니다. 자신이 사랑받는다고 느낄 때 삶이 의미 있고 세상이 아름답습니다. 로맨스 드라마를 사라지게 할 유일한 방법은 오로지 지구를 멸망시키는 것입니다. 사랑받고 싶은 끝없는 갈망…. 모든 여자의 마음속에는 정도의 차이만 있을 뿐이지 하나같이 사랑받고 싶은 갈망이 있습니다.

이러한 갈망을 채우기 위한 가장 일반적인 방법은 바로 결혼입니다. 결혼하는 날에 여자는 스스로 로맨스 드라마의 여주인공이 되고 남편은 남주인공이 됩니다. 드디어 여자의 드라마가 시작되는 순간입니다. (물론 남편의 동의 같은 건 필요하지 않습니다.)

하지만 남자는 조금 경우가 다릅니다. 많은 남자들은 연애를 시작하는 날이 드라마 첫 회 방영일입니다. 물론 결혼하는 날이 마지막 회 방영일이겠지요. 남자에게는 그저 '그 후로 두 사람은 오래도록 행복하게 살았습니다'라는 멘트 정도면 충분합니다.

남자는 지금까지 로맨스 드라마를 행복하게 시청했으니 이제는 로맨스가 아닌 액션물로 갈아탈 차례라고 생각합니다. 바로 '직장생활'이라는 액션물이지요.

하지만 남편들은 액션물을 시청하면서도 한 가지는 결코 빼먹지 않습니다. 바로 '아내와의 베드신'입니다. 그래서 아내들은 화가 납니다. 자신의 로맨스 드라마에 등장하는 남자 주인공이라고 생각했는데, 가끔씩 베드신만 찍고 나서 다시 싸우러 나가 버리거든요.

삶이라는 하나의 무대 위에서, 아내는 로맨스물을, 남편은 액션물을 원합니다.

아내의 로맨스 드라마

오늘은 기분이 좋다. 그이가 나보다 먼저 일어나 아침을
준비해 주었기 때문이다. 아직 엉성하지만 그래도 내가
좋아하는 샐러드와 치즈를 녹인 토스트를 정성껏 준비하는
모습이 멋있다. 출근하기 전에 나를 꼭 안아 주면서
사랑한다고 고백하는 목소리가 아직도 귀에 들리는 것 같다.
문을 닫고 집을 청소하려 하는데 남편에게서 저녁에 외식을
하자는 연락이 왔다. 'The simple'이라는 레스토랑에서

크림파스타를 먹자고 한다. 예전에 내가 한번 가보고 싶다고
말한 것을 기억해 둔 모양이다. 내가 한 사소한 말들을
기억해 주는 그이의 따뜻한 배려가 날 행복하게 한다.
외출을 준비하는 것은 언제나 어렵다. 입을 옷이 별로 없기
때문이다. 저번 주에 남편이 선물해 준 원피스가 마음에
들긴 하지만 두 번을 연달아 입을 수는 없는 노릇이다.
할 수 없이 로렐로스에서 구입한 앙뜨레스 드레스를 입기로
했다. 지난달에 입었을 때 비슷한 옷을 입은 여자와 마주친
기억이 있지만 오늘은 그럴 일 없겠지.
나를 기다리는 남편의 모습이 보인다. 미소 띤 얼굴로 내 뺨에
가볍게 입 맞추는 그이. "오늘도 무척이나 예쁘다"는 그 말이
습관인 것은 알지만, 그래도 뭐 어떤가? 날 사랑하기에 배어든
습관이겠지. 나는 오른손으로 내 허리를 가볍게 두르며
나를 에스코트해 주는 그이가 좋다.
내가 좋아하는 창가에 자리를 예약해 둔 남편, 은은한 촛불이
분위기를 더해 준다. 데이트할 때는 가끔 자기 혼자 음식을
미친 듯이 빨리 먹어서 기분 상한 적이 있었지. 이제는 나와
같이 속도를 맞추어 천천히 먹는다. 연애 때부터 이어져 온
끊이지 않는 대화는 그이가 나만을 사랑하고 있다는 증거다.
집에 도착한 남편이 음식물 쓰레기를 버리러 간다. 내가 가장
싫어하는 일이라고 말했을 뿐인데, 신혼 초부터 지금까지

음식물 쓰레기는 늘 그이가 버려 준다. 쓰레기를 버리고 돌아온
남편은 내 앞에 앉아 내 발을 마사지 해주겠다고 한다.
예전에는 누군가 내 발을 만진다는 것이 민망해서 싫었는데
몇 번 마사지를 받아 보니 이제는 익숙하다. 열심히 발을
마사지해 주는 남편의 모습이 멋있다.
마사지를 하던 남편이 갑자기 이야기를 시작한다.
오늘 직장에서 기분 나쁜 일이 있었단다. 마음 같아서는
직장을 때려치우고 싶었지만 갑자기 내 얼굴이 떠올랐단다.
사랑하는 나를 위해서 그보다 더 어려운 일이 있어도 거뜬히
이겨 낼 수 있다고 허세를 부린다. 그 모습이 귀엽기도 하면서
나를 위해 희생하는 남편의 진심 어린 마음에 울컥하며
감동이 밀려온다.
마사지를 마친 남편이 웃으며 나를 바라본다. 미묘한 표정을
짓는 걸 보니 이미 무엇을 말하는지 알 것 같다. 이윽고 그는
'밀크 초콜릿'을 마시고 싶다고 말한다. 밀크 초콜릿은 성관계를
하고 싶을 때 표현하기로 약속한 우리만의 언어다.
나는 알겠다고 대답하고 샤워를 한다. 샤워를 끝내고
밖으로 나오자 내가 좋아하는 음악소리가 들려온다.
은은한 조명이 깔린 안방에 들어가니 장미 향기가 훅 느껴진다.
장미향을 맡으니 내 마음이 설렌다.
사랑이 끝난 후 남편과 나는 자리에 누운 채 대화를 시작한다.

남편은 나를 바라보며 내가 얼마나 사랑스러운 사람인지
이야기하기 시작한다. 남편의 오른손은 여전히 내 어깨를
부드럽게 매만지고 있다. 나는 남편의 세심한 배려를 느끼며
내 고민들을 털어놓기 시작한다. 남편은 내 고민들을
인내심 있게 들어주고 공감해 준다. 나는 깊은 안정감을 누리며
남편과의 대화를 즐기다가 이내 잠이 든다.

남편의 로맨스 드라마

아침이다. 따뜻한 아내의 목소리가 나를 부른다.
식탁에는 7첩 반상이 나를 기다리고 있다. 내가 좋아하는
반찬으로 매일 아침을 차려 주는 아내는 아무래도
천사인가 보다. 미리 다림질해 둔 와이셔츠를 입으니
아내가 겉옷을 입혀 준다.
— 일 … 일 … 일 … 일 … 일 … 일 … 일 … 일 —
10시 20분에 집에 왔다. 오늘 하루도 일하느라 수고했다는
아내의 칭찬과 감사의 말을 듣는다. 역시, 나는 훌륭한
남편인가 보다.
옷을 집어던지고 소파에 누워서 TV를 본다. 옷과 양말은
어느새 깨끗이 정리가 되어 있다. 아내에게 침대로 가자고
말한다. 아내는 친절한 목소리로 알았다고 대답한다.
나는 참 결혼을 잘했다.

사랑을 나눈다. 피곤하다. 내일 직장에서 해야 할 일을
헤아려 보며 나는 잠에 빠진다.

어떤 분은 공감하실 수도 있고 어떤 분은 말도 안 된다고 하실 수
도 있을 것 같습니다. 어쨌든 중요한 사실은 남자와 여자는 너무나
다르다는 것입니다. 굉장히 다르기 때문에 우리에게 희망이 별로 없
는 것처럼 보이기도 합니다. 그런데 정말 그럴까요? 아니요. 저는 오
히려 희망이 크다고 생각합니다. 희망은 차이가 클수록 더불어 커지
는 법입니다.(적어도 사랑하는 남녀 사이에서는요.)

저와 아내가 연애할 때 이런 일이 있었습니다.

저는 아내와 데이트하는 것이 몹시도 행복했습니다. 같은 공간에
서 함께 긴 대화를 나눌 때면 제 삶이 참으로 아름답게 느껴졌습니
다. 하지만 생각하지 못했던 문제가 생겼습니다. 문제의 시작은 바
로 제 입이었습니다.

그날도 평소처럼 아내의 집 근처에 차를 세워 두고 오래도록 이야
기를 나누고 있었습니다. 물론 저녁이었지요. 그런데 갑자기 아내가
저에게 이렇게 말하는 것이었습니다.

"오빠는 입 냄새가 너무 심해요…."

세상이 무너지는 것 같았습니다.

저는 입을 꿰매고 싶다는 표현을 별로 좋아하지 않지만, 그때는
저도 모르게 그 생각을 하고 말았습니다. 그 순간부터 세상에서 가

장 심각한 질병은 바로 '입 냄새'였습니다. 제가 당면한 가장 큰 문제가 된 것이지요.

저는 어릴 때부터 냄새에 민감하지 못했습니다. 비염은 아니지만 비염과 비슷한 증상이 있었거든요. 아주 강한 냄새가 아니면 저는 별로 신경 쓰지 않는 사람입니다. 그래서 연애를 하면서도 입 냄새에는 별로 신경을 쓰지 않았습니다. 그런 저에게 아내는 냄새에 대한 이야기를 할까 말까 고민하다 마침내 그날 어렵게 꺼냈던 것입니다. (사실 저는 양치질을 하루에 한 번밖에 안 했습니다.)

그날부터 저는 강박적으로 양치질을 하기 시작했습니다. 치아와 잇몸과 혀와 입천장…. 밥을 먹든 간식을 먹든 저는 곧바로 양치질을 했습니다. 하루에 한 번 하던 양치질을 5~6번으로 늘리니 더 이상 입 냄새가 나지 않았습니다. 물론 아내가 더 이상 냄새가 나지 않는다고 말해 주어서 알았지만요.

입 냄새 사건 이외에도 여러 사건이 있었습니다. 이런 사건이 있을 때마다 저는 계속 아내를 위한 사람으로 변화되어 갔습니다. (물론 아내도 변했지요.) 우리는 서로를 사랑했고, 그러했기 때문에 자신이 가진 모습들을 기꺼이 바꾸어 갈 수 있었습니다.

사랑하기 때문에 습관을 바꾸고, 사랑하기 때문에 안 하던 행동을 하고, 사랑하기 때문에 전혀 다른 사람이 되었습니다. 사랑은 이처럼 한 사람에게 끊임없이 변화를 일으킵니다. 성숙한 변화는 사랑 없이는 일어나지 않습니다.

처음 연애를 시작할 때, 저는 참 부족한 사람이었습니다. 하지만 아내를 위해서 저 자신을 변화시키는 노력을 멈추지는 않았습니다. 제 아내는 저의 그런 노력들을 참 좋게 봐주었습니다. 그래서 여전히 부족한 사람임에도 불구하고 저라는 사람을 남편으로 받아들여 주었던 것이겠지요.

결혼식을 올린 후에도 저와 아내는 노력을 멈추지 않았습니다. 저는 아내를 위해 저의 삶을 바꾸었고, 아내는 저를 위해 자신의 삶을 바꾸었습니다. 항상 잠복해 있던 문제들이 우리 사이에 끼어들곤 했지만, 우리는 그 문제를 해결하기 위해 계속 노력했습니다.

남편과 아내는 참 다릅니다. 부부의 성적인 관계에 있어서도 남자와 여자는 참 다릅니다.

보통 남자는 부부 싸움을 한 후에도 성관계를 요구합니다. 싸움은 싸움이고 성관계는 성관계이기 때문입니다. 하지만 여자는 부부 싸움 후에 관계를 요구하는 남자가 짐승처럼 느껴질 수도 있습니다. 아내는 이러한 남자의 사고방식을 이해하기가 참 어렵습니다.

아내는 끊임없이 사랑받는 삶 속에서의 한 부분으로 성적인 관계를 이해합니다. 모든 것에는 순서와 법도가 있기 마련이니까요. 아내를 존중하는 분위기 속에서 아내에게 필요한 정서적인 필요들이 먼저 충족되어지고 난 후에 나누는 남편과의 성적 교감은 아내에게 참 아름다운 것입니다.

그래서 우리는 서로를 위해 자신을 바꾸는 훈련을 해야 합니다.

서로를 존중하는 두 명의 예술가가 만나면 조화로운 음악이 흘러나옵니다. 우리가 서로를 존중하는 태도를 배울 수 있다면, 우리의 부부생활은 마치 예술가들이 만들어 내는 화음처럼 아름답고 하모니가 넘치는 삶으로 승화될 것입니다.

아내의 10단계와 남편의 3단계

금빛 유리가 반짝이는 커다란 호텔 건물이었습니다. 방은 작았지만 깔끔했고 넉넉한 크기의 침대는 이제 막 결혼식을 마친 저희 부부를 환영해 주었습니다. 저는 너무 긴장한 나머지 머릿속을 타고 흐르는 혈관의 박동 소리까지 느낄 수 있었습니다. 푹신한 침대에 앉은 채 저는 이런 생각을 했습니다.

'정말 끝내줄까?'

모든 남자는 (아마 많은 여자도) '끝내주는' 성생활을 기대합니다.

왜냐하면 인간은 모두 깊은 만족을 원하기 때문입니다. 그러한 만족을 누리기 위해서 많은 사람들이 결혼합니다. 그리고 결혼해서 부부가 되면 모든 삶을 공유하며 만족을 얻기 원합니다. 부부가 함께 공유하는 여러 부분 중 한 가지가 바로 성적 관계입니다. 모든 부부는 이 성적인 부분에서도 만족을 얻기 원합니다.

하지만 모든 부부가 만족을 얻는 데에 성공하는 것은 아닙니다. 이것은 아마 각자가 만족을 얻는 것에 치중하기 때문에 상대방에게 귀 기울이지 않고 배려하지 않기 때문입니다. 조금만 더 상대를 살피고 배려한다면 부부의 만족은 점점 더 풍성해질 것이라는 것이 제 생각입니다.

그렇다면 우리는 어떻게 상대를 살피고 배려해야 할까요? 이곳에 작은 팁을 말씀드리고 싶습니다. 이것은 물론 절대적인 것은 아닙니다. 모든 부부는 항상 개별적이고 고유한 상황에 처해 있기 때문입니다.

많은 경우 남편은 3단계로 자신의 욕구를 표현합니다.

- 성적 충동을 느낀다.
- 사랑을 나눈다.
  (자신은 샤워를 안 해도 깨끗하다고 생각한다.)
- 잠이 든다.

하지만 대부분의 여성은 성관계를 10단계 정도로 세분화합니다.

- 집안일을 마무리한다.

- 음식물 쓰레기를 버려 주는 남편에게 고마움을 느낀다.
- 몸을 깨끗이 씻는다.
- 오늘의 일들과 감정들에 대해서 충분히 대화한다.

  (남편이 자신을 봐주기를 기대한다.)
- 이해받는다는 분위기 속에서 깊은 사랑을 느낀다.
- 가벼운 스킨십을 나눈다.

  (처음부터 깊은 스킨십을 나누면 거부감이 들 수도 있다.)
- 깊은 스킨십을 나눈다.
- 사랑을 나눈다.
- 친밀한 애정 표현 속에서 대화한다.

  (사랑이 끝나자마자 남편이 잠이 들면 기분이 나쁘다.)
- 배려 속에서 편안한 마음으로 잠이 든다.

만약 남편이 아내의 10단계를 이해하고 배려해 준다면, 아내는 훨씬 편안하고 기분 좋은 상태로 남편과의 만남을 받아들일 것입니다. 그리고 아내가 남편의 3단계를 이해한다면 가끔 짐승(?)처럼 느껴지는 남편의 요구들에 대해서 훨씬 너그러운 태도를 유지할 수 있을 것입니다.

정원 가꾸기

　앞서 고백했듯 저는 어릴 때 컴퓨터를 통해서 처음으로 성적인 정보를 얻었습니다. 그 경험은 저에게 굉장히 충격적인 것이었습니다. 그래서 저는 결혼에 대해 폭넓은 시각을 갖는 것이 참 어려웠습니다. 왜냐하면 결혼을 생각할 때 가장 크게 다가오는 것이 컴퓨터에서 보았던 장면들이었기 때문입니다.

　저는 결혼을 준비하면서 참 무서웠습니다. 제가 성숙한 남편이 되어 줄 수 있을지에 대한 확신이 없었기 때문입니다. 사랑하는 아내에게 상처를 주는 사람이 되고 싶지 않았습니다. 하지만 다른 한편으로는 아내와 많은 것들을 함께 누리고 싶었습니다. 행복한 삶을 함께 살아가고 싶은 소원이 제 마음에 가득했습니다.

저는 성적인 행복 또한 누리고 싶었습니다. 그러나 나만을 위한 이기적인 방법으로 즐기고 싶지는 않았습니다. 그래서 저는 성적인 부분에 대한 공부를 하면서 제가 가지고 있던 거짓 정보를 깨끗이 청소했습니다. 성적인 오해들을 정리하는 시간을 갖은 것은 제가 아내를 위해서 할 수 있는 행동들 중 정말 가치 있는 행동이었습니다. 만약 오해들을 정리하지 못했다면 저는 오해에서 출발한 행동을 아내에게 했겠지요. 저는 욕심이 많은 사람이고 부족한 사람이기 때문입니다.

결혼이라는 모험을 하면서 저와 아내는 함께 많은 것을 나누었습니다. 특히 저희는 참 많은 대화를 나누었습니다. 대화를 나누면서 해결해야 하는 수많은 문제를 해결해 나갔습니다. 솔직한 대화가 없었다면 우리의 결혼 생활은 매우 힘든 하루하루로 점철됐을 것입니다. 하지만 우리는 항상 '대화하기'를 선택했고, 어려운 일이 다가와도 '함께' 싸웠습니다.

아내와 함께 살면서 제가 배운 것이 있습니다. 그것은 결혼 생활이 마치 함께 정원을 가꾸는 것과 비슷하다는 것입니다. 욕심이 많은 저는 결혼하기 전에 성적인 만족을 얻을 수 있는 사과나무에 관심이 많았습니다. 사과나무가 있는 것이 결혼 생활이라는 생각을 한 적도 있습니다. 하지만 제가 아내와 함께 가꾸어야 하는 정원에는 사과나무만 있는 것이 아니었습니다. 생각하지 못했던 수많은 종류의 나무들과 꽃들이 저희의 손길을 기다리고 있었습니다.

아내와 함께 삶이라는 정원을 가꾸는 것은 결코 쉬운 일이 아니었습니다. 하지만 어렵다고 해서 만족과 기쁨이 없는 것은 아니었습니다. 오히려 저희는 미처 생각지 못했던 뜻밖의 즐거움과 기쁨을 발견하기 시작했습니다. 그 즐거움과 기쁨들은 언제나 우리가 서로를 사랑할 때 발견할 수 있었습니다.

중요한 것은 '솔직한 대화'였습니다.

저희는 모든 것을 솔직하게 이야기하기 위해 노력했습니다. 솔직하게 털어놓는 대화는 정말 위대한 결과를 낳았습니다. 우리의 가정은 점점 아름다운 정원으로 바뀌어 가고 있었습니다. 비록 부족한 부분도 많고 고쳐야 할 것도 많았지만 그래도 괜찮았습니다. 우리는 점점 아름다워지고 있었거든요.

이 지면에 아내가 저에게 보낸 메시지를 수정 없이 올립니다. 이 메시지는 아내가 출산 후 며칠 뒤에 병원에서 보낸 메시지입니다.

2014년 7월 28일 커플 어플에 남긴 아내의 메시지

잘 자고 있어요? 떨어져 자니까 보고 싶어요.

오빠는 꿀잠 자겠지요? 매번 숙면을 방해해서 미안했어요.

우리 이제 본격적인 육아를 감당해야 할 날이 다가왔네요.

이제까지보다 훨씬 정신없겠죠?

어쩌면 서로의 한계에 부딪히는 때가 오는 걸 봐야

할 수도 있을 테고.

나는 오빠랑 결혼해서 오빠라는 사람이랑

나의 많은 것과 내 속의 것들을 공유할 수 있어서 무척

행복했어요.

내 정신적 물리적인 모든 소유를 함께할 수 있어서

정말 좋아요.

이제 우리 사이에서 나온 아기를 함께 키우게 되었네요.

하나님께서 인도하시는 대로 우리 여태껏 잘해 왔던 것처럼

힘내 보아요.

당장은 힘들 수 있겠지만 우리 사이에 더욱 많은 기쁨을

공유하는 시간이 될 거라 믿어요.

최선을 다해 좋은 모습을 보여 주고 애써 줘서 고마워요♡

오빠는 내가 본 중 최고의 남편이에요~

사랑하고 존경합니다.

모든 것을 함께 나누는 노력을 포기하지만 않는다면, 처음에는 생각지도 못했던 삶의 보물들을 계속해서 발견할 수 있을 거라고 저는 믿습니다.

결혼하기 전에 저와 아내는 서로의 약점에 대해서 이야기하는 시간을 가졌습니다. 아내는 자신의 약점을 저에게 말해 주었고, 저도 아내에게 제 약점을 말했습니다. 이 시간을 통해서 저희는 서로를 더 깊이 사랑하게 되었습니다. 왜냐하면 서로를 향해 가지고 있었던 두

려움이 줄어들었기 때문입니다. 아내는 자신의 약점까지도 사랑으로 받아 주는 저를 더 깊이 신뢰하게 되었고, 저도 제 부끄러운 부분을 감싸 안아 주는 아내에게 깊은 감사를 느꼈습니다.

저는 아내를 따뜻하고 부드럽게 대해 주기 위해 노력했습니다. 아내는 제 마음을 기꺼이 받아 주었고 편안함을 느끼기 시작했습니다. 시간이 갈수록 아내는 저라는 사람을 통해서 정서적인 안정감을 얻었습니다. 아내가 점점 밝아지고 편안한 사람이 되어 가는 모습을 지켜보는 것은 저에게 큰 기쁨이 되었습니다.

저는 실수도 많이 하고 부끄러운 모습도 많이 보였지만 아내는 이런 부족한 저를 잘 이해해 주고 격려해 주었습니다. 저희가 서로의 삶을 돌보고 아껴 줄수록, 저희의 삶은 점점 아름다운 정원으로 가꾸어져 갔습니다.

행복이라는 케이크의 12조각

아내는 조각 케이크를 참 좋아했습니다. 부드러운 치즈 케이크를 한 조각 베어 먹은 아내의 표정에는 기쁨과 만족감이 항상 가득했었습니다. 하지만 항상 치즈 케이크를 먹은 것은 아닙니다. 밀푀유를 먹을 때도 있었고 티라미수 또는 딸기 케이크를 먹으며 행복감을 나누는 날들도 있었습니다.

행복이라는 케이크는 다양한 종류의 조각들이 모여서 하나의 완성된 작품을 만드는 것이었습니다.

저희의 작은 케이크들 중 한 가지는 바로 '공원 산책'이었습니다. 저희는 많은 대화를 나누며 그 시간을 즐겼습니다. 아내의 손을 마사지해 주는 것도, 차 안에서 서로를 바라보며 대화를 나누는 것도,

같이 식사를 하는 것도요. 이외에도 수많은 종류의 행복 조각들이 모여서 저희 부부의 행복을 구성했습니다.

여러분의 행복한 생활도 마찬가지로 여러 종류의 조각이 모여서 하나의 완성품을 이루게 되겠지요. 그럼 12개의 조각 중에서 부부 관계가 차지하는 비중은 과연 얼마나 될까요? 2개 정도일까요? 아니면 10개 정도일까요? 모든 가정마다 각기 비중이 다를 것이라 생각합니다.

제 생각에는 아마 2조각 정도인 가정이 10조각인 가정에 비해서 행복한 생활을 누리고 있는 것 같습니다. 왜냐하면 부부의 삶에서 부부 관계가 차지하는 비중이 지나치게 높을 경우, 함께 행복을 누리는 삶을 만들어 가지 못한 경우가 많기 때문입니다.

행복한 부부일수록 함께 누리는 즐거움의 종류가 많습니다. 풍성한 대화가 이루어지고, 함께 산책을 하고, 함께 책을 읽고, 함께 음식을 준비하고, 함께 집안일을 하고, 함께 취미 생활을 하고, 함께 운동을 하고, 함께 공동의 목표를 갖고, 함께 여행을 합니다.

극한 빈곤 가운데 있지 않는 이상 (이런 경우는 예외로 두어야겠지요) 행복한 부부는 일상을 공유하고 즐기는 방법을 모색합니다. 그들은 항상 사소한 것에서 즐거움을 발견하는 놀라운 모습을 보여 줍니다. 마치 연애할 때처럼요. 연애할 때는 많은 것이 필요하지 않습니다. 그저 사랑하는 사람만 있으면 충분하지요.

행복한 부부는 행복을 얻을 수 있는 공동의 채널을 여러 개 가지고 있습니다. 그래서 성적인 즐거움이 아니면 만족을 얻지 못하는 부부에 비해서 그 삶의 빛깔이 풍성합니다.

반대로 관계가 빈곤한 부부는 성적 즐거움 이외의 것들로부터 행복의 통로를 발견하지 못한 경우가 많습니다. 그래서 많은 부부들이 특별한 이벤트를 원합니다. 이벤트는 좋은 것이지만, 오직 이벤트를 통해서만 행복을 얻는 부부는 성적인 즐거움을 통해 행복을 충족시키려 더욱 노력합니다.

결혼이라는 모험 중에 계신 여러분. 아름다운 결혼식은 누구에게나 행복한 시간입니다. 어쩌면 태어나서 가장 행복한 날인지도 모르겠습니다. 저도 가장 행복했던 시간이 언제냐고 묻는다면 바로 그 시간이라 말할 것 같습니다. 하지만 결혼식은 길어 봐야 1~2시간이지요. 신혼여행도 며칠 동안입니다. 평생을 함께하는 결혼 생활에서 함께 즐거움을 얻는 통로를 만들어 가면 어떨까요?

치즈 케이크만이 아닌 여러 종류의 케이크를 함께 즐기는 달콤한 날들이 우리에게 다가올 것이라 저는 믿습니다.

사랑의 안전 고리들

저는 결혼을 하고 난 이후에도 아내와 하루 종일 같이 있고 싶었습니다. 하지만 그것은 현실적으로 불가능했습니다. 저는 출근을 해야 했고 아내는 집에 있어야 했습니다.

어느 날 아내의 얼굴을 보니 표정이 별로 좋아 보이지 않았습니다. 그 이유를 듣고 나서 저는 한참을 고민했습니다. 왜냐하면 아내가 걱정을 하고 있었기 때문입니다. 혹시 다른 여자가 저를 좋아하지는 않을까 하는 걱정, 혹시 아내를 향한 저의 사랑이 변하지는 않을까 하는 걱정이었습니다.

저는 당황스러웠습니다. 제가 세상에서 가장 사랑하는 사람이 아내였고, 사실 저는 여자들에게 인기가 별로 없기 때문입니다. 저는 어떤 여자도 저라는 남자에게 관심을 가지지 않을 거라고 굳게 믿고 있었습니다. 하지만 저의 이러한 설명도 아내에게는 통하지 않았습니다. 그래서 저는 고민하기 시작했습니다. 어떻게 하면 아내의 마음을 편안하게 해줄 수 있을까?

그런 고민들을 통해서 저 나름대로 아내를 배려하는 방법들을 찾아냈습니다. 저는 그것을 '사랑의 안전 고리'라고 부릅니다. 왜냐하면 그러한 노력들이 아내의 마음속에 사랑받는다는 느낌을 지속적으로 이어 가는 역할을 해주었기 때문입니다.

사랑의 안전 고리들

- 차 문 열어 주기: 저는 외출을 하기 위해 아내와 함께 차를 탈 때면 언제나 조수석으로 달려가 문을 열어 주었습니다. 아내가 자리에 앉으면 다시 문을 닫아 주었습니다. 물론, 다른 사람들이 있을 때는 문을 열어 주지 않았습니다. 부끄럽더군요.
- 신발 준비해 주기: 집에서 나가기 위해 신발을 신어야 할 때면 아내가 신기 편하게 신발을 정리해서 놓아 주었습니다.
- 마사지 해주기: 손바닥을 마사지하는 방법을 배웠습니다. 어렵지도 않고 시간도 그리 오래 걸리지 않습니다. 간혹 시간과 체력이 허락할 때는 발 마사지를 해주는 것도 좋습니다.
- 헤어질 때 안아 주기: 출근할 때 포옹을 하고 다시 들어오면 포옹을 합니다. 처음에는 조금 쑥스럽지만 몇 번 반복하면 익

숙해집니다.

- 설거지하기: 결혼하기 전부터 아내에게 약속했던 부분입니
  다. 처음에는 아내가 미안해했지만 나중에는 사랑의 표현으로
  감사하게 받아들여 주었습니다.

저는 이와 같은 노력을 구준하게 해나갔습니다. 아내는 지속적으로 이어지는 이러한 행동들을 통해 저의 사랑을 조금씩 더 확신해 갔습니다. 몇 달의 시간이 지나는 동안 아내의 마음은 많이 좋아졌습니다. (물론 완벽한 상태가 되지는 않았습니다. 완벽이라는 단어를 마음에 사용할 수는 없다는 생각이 드는군요.)

대부분의 남편은 아내를 깊이 사랑합니다. 하지만 아내를 위해 지속적으로 사랑 표현을 해야 한다는 필요를 느끼지는 않습니다. 왜냐하면 남편의 뜨거운 사랑을 아내가 '당연히' 알고 있으리라고 생각하기 때문입니다. 하지만 아내는 남편의 사랑을 '매일' 확인해야만 안정감을 느낍니다.

아내는 마치 날마다 물을 주고 돌보아야 아름답게 성장하는 화초와 같습니다. 사랑과 애정이 담긴 작은 행동들은 아내의 마음에 필요한 양분을 공급하는 것과 같습니다.

이제부터 아내가 원하는 사랑의 안전 고리를 만들어 보는 것은 어떨까요? 사랑받는다는 느낌을 아내가 항상 느낄 수 있다면 그것은 굉장히 놀라운 성과라고 저는 생각합니다.

'사랑의 안전 고리'의 소박한 예

식사 준비

음식물 쓰레기 버리기

분리수거하기

신발장 정리

화장실 청소하기

애완동물 돌보기

매월 둘째 주 주말은 외식하기

같이 영화 보기

산책하며 대화하기

일주일에 한 번 같이 탁구 치기

대화할 때 얼굴 봐주기

식사하는 속도 맞춰 주기

카페에서 대화하기

물론 이 모든 것보다 중요한 것은 서로가 원하는 것을 대화를 통해 알고 섬기는 것입니다.

임신과 출산

어느 날 아내가 저에게 이렇게 말했습니다.

"오빠, 저는 한동안 임신을 하고 싶지 않아요. 적어도 1, 2년 정도 후에 하고 싶어요."

아내는 신혼생활을 만끽하고 싶어 하기도 했지만 무엇보다도 임신을 두려워했습니다. 여러 종류의 두려움이 있었겠지만 저에게 말해 준 두려움은 바로 '사랑을 빼앗길 것 같은 불안' 때문이었습니다.

혹시 자신이 임신을 하게 되면 남편인 제가 자신보다 아이를 더많이 사랑하게 될지도 모른다는 두려움이었지요. 나중에 알게 된 사실은, 아이에게 남편의 사랑을 빼앗길 것에 대한 두려움을 갖는 아내들이 종종 있다는 것이었습니다.

하지만 이러한 아내의 마음이 바뀌는 데는 그리 많은 시간이 걸리지 않았습니다. 결혼한 지 3개월이 조금 넘었을 무렵, 아내는 왜 아이가 생기지 않는지 의문을 갖기 시작했습니다. 아내는 이제 임신을 원했습니다.

아기가 생기기를 기다리던 어느 날, 결혼 생활 5개월째 저희 부부에게 귀한 생명이 찾아왔습니다. 자신이 임신을 했다는 사실을 알게 된 아내는 순식간에 놀라운 사랑의 사람이 되었습니다. 아기를 향한 아내의 사랑은 제가 보기에도 깜짝 놀랄 만한 것이었습니다. 아내는 하루 종일 아기 생각을 하면서 여러 준비를 하기 시작했습니다. 필요한 물품들을 알아보고, 육아에 대한 정보를 얻기 위해 카페에 가입하는 등등. 아내는 어느새 엄마가 되어 있었습니다.

엄마가 된 아내는 매일 밤 식탁 의자에 앉아 저에게 기도를 받았습니다. 정확히 말하면 제가 아내의 배 위에 손을 얹고 아기를 위해서 기도했습니다. 아기에게 아직 귀가 생기기도 전이었지만 저는 아기를 위해서 기도했습니다. 아기의 건강과 순산을 위한 기도가 예비 아빠의 의무처럼 느껴졌습니다.

하지만 아무리 기도를 해도 걱정이 말끔히 사라지지는 않았습니다. 아기에게 무슨 일이 생길까 봐 초초해했던 많은 시간은 저희 부부가 아직 많이 어리다는 것을 증명하는 것 같았습니다.

병원에 가면 의사 선생님들이 이런저런 검사를 권했지만 저희는 받지 않기로 결정했습니다. 왜냐하면 대부분 검사 자체가 목적인 경우가 많았기 때문입니다. 그리고 양수 검사를 받은 어떤 분이 검사 도중 발생한 사고로 예정일보다 지나치게 빨리 아기를 출산했다는 이야기를 들은 후라 더욱 그랬습니다.

　임신 기간 동안 저희가 고민했던 것들 중 성관계 문제도 있었습니다. 임신 기간 중에 부부가 사랑을 나누어도 될까요? 이 부분에 대해서는 전문가들의 의견이 정확히 일치하지 않는다는 것을 알게 되었습니다. 어떤 분은 부정적으로 이야기하고, 어떤 분은 긍정적으로 이야기하시더군요. 이곳에서는 긍정적인 정보를 기록한 책자의 한 부분만 소개하도록 하겠습니다.

　　미국 의학지 〈산부인과 저널〉은 임신 38~40주에 섹스를 하는 여성이, 그렇지 않은 여성보다 자연분만할 가능성이 높다고 보도했다. 연구팀은 200여 명의 건강한 산모를 대상으로 임신 36주 이후의 섹스 활동을 조사했는데, 그 결과 섹스를 절제한 임산부의 경우 29.8퍼센트가 자연분만이 어려워 유도분만이나 제왕절개 수술을 받았다. 반면 활발한 성관계를 가진 임신부는 대부분 자연분만에 성공했고, 단지 6.9퍼센트만이 임신 41주까지 자연분만을 하지 못해 제왕절개 수술을 받았다.
　　– 편집부 저, 《내 생애 첫 임신 출산 육아책》, 중앙북스, 136면

　이것은 산모의 상황에 따라 부부가 상의해서 결정해야 하는 문제

인 것 같습니다. 저희는 긍정적으로 보는 의견을 따르기로 결정했고, 우리의 아기는 건강하게 태어났습니다.

아내의 통증이 시작된 늦은 밤, 저는 굉장히 초조했습니다. 아내의 날카로운 비명 소리가 저를 더욱 고통스럽게 했습니다. 시간이 무척이나 더디게 지나가는 것 같았습니다. 하지만 다행스럽게도 통증이 시작된 지 2시간 만에 아기가 세상에 나왔습니다. 처음 듣는 아기의 울음소리에 말로 표현할 수 없는 묘한 감정을 느꼈습니다. 간호사가 안겨 주는 아기를 처음으로 품에 안는 것은 무척이나 긴장되는 일이었습니다.

마침내 아기는 신생아실에 들어갔고, 아내와 저는 병실로 들어갔습니다. 저는 아내의 몸이 너무나 걱정되었습니다. 사랑하는 아내의 건강이 저에게는 무엇보다 중요했기 때문입니다. 하지만 아내는 끔찍한 고통을 겪으면서도 아기를 향한 사랑으로 불타올랐습니다.

간호사의 품에 안겨 있는 아기를 바라보며 한없이 울던 아내가 기억납니다. 아내는 아기를 향한 넘치는 사랑을 몸소 보여 주었습니다. 하지만 아빠인 저에게는 아기를 향한 사랑이 참 부족했나 봅니다. 물론 사랑이 점점 자라나는 나무처럼 조금씩 커져 갔지만, 그와 동시에 무거운 책임감과 걱정들이 저를 짓눌렀기 때문입니다.

'과연 내가 아내와 아기에게 좋은 남편과 아빠가 되어 줄 수 있을까?'

저는 많이 부족한 사람이기에 좋은 가장이 될 수 있을지에 대해 수많은 걱정을 할 수밖에 없었습니다. 또한 10개월 동안 배 속에 아이를 품고 한 몸으로 지냈던 아내에 비해 아이를 위하는 마음이 조금 빈약하기도 했고요. 그나마 위안이 되었던 것은 많은 남편들이 아이가 태어난 뒤 시간이 지남에 따라 아이를 향한 사랑이 점점 커져 간다는 사실이었습니다.

2

울다

울다

그 순간만큼 솔직하게
슬픔을 표현했던 적은 없었습니다.
그런데 그렇게 큰 소리로 울고 있을 때,
갑자기 가슴의 한 부분에
이상한 느낌이 들었습니다.
그 느낌은 지름 5센티미터 정도의 구멍이
심장의 약간 아래쪽에
뚫려 있는 듯한 느낌이었습니다.
저는 그 느낌을 통해
제가 얼마나 큰 상처를 받았는지

더 확실하게 알게 되었습니다.
그리고
그날 느꼈던 구멍 뚫린 느낌은
한동안 지속되었습니다.
몇 달 동안은
그때의 울부짖었던 순간을
떠올리기만 해도
슬픔이 솟구치면서
눈물이 폭포처럼 쏟아졌습니다.

사랑으로의 초대

사랑의 향기에 취해 살아온 시간들이 떠오릅니다. 첫눈에 반한 아내를 좇아 매일 수원으로 출근했던 저는 참 열정적이었습니다. 불타오르는 사랑으로 서로를 위하며 달콤한 시간을 보낸 끝에 우리는 결국 결혼을 했습니다. 그때 세상은 참 아름다웠습니다. 아름다운 세상이 영원히 아름다웠다면 얼마나 좋았을까요.

눈부시게 아름다운 사랑의 모험은 언제나 큰 위험을 안고 있습니다. 위험이 없다면 사실은 모험이 아니기 때문입니다. 위험이 클수록 모험은 더욱 위대해집니다. 그런 의미에서 결혼은 가장 위험한 모험입니다. 모든 것을 잃어버릴 수 있기 때문입니다. 하지만 잃어버릴 위험이 두려워서 모험을 시작하지 않는 사람은 결코 모험의 기쁨을

울다

누릴 수 없습니다. 행복은 언제나 모험하는 사람들의 것이었습니다.

그래서 저희는 모험을 시작했고 우리의 항해는 순조로워 보였습니다. 하지만 행복의 바다 위를 항해한다고 믿었던 우리에게 바람이 불어닥치기 시작했습니다. 작은 바람은 곧 태풍이 되었고, 저희 부부는 그 태풍과 힘겹게 싸워야만 했습니다. 그 태풍은 바로 암(3기 말)이었습니다. 이미 수술할 시기를 지났다는 건국대학교병원 암 전문의가 전한 몇 마디는 저의 마음을 잔인하게 찢어 놓았습니다.

저희에게 허락된 꿈같은 신혼 기간은 고작 5개월이었습니다. 설레던 행복은 이제 지나갔고, 생명을 건 폭풍과의 싸움이 시작되었습니다. 저는 아내를 지키기 위해 할 수 있는 모든 것을 다했습니다. 암 선고와 함께 임신 3주라는 소식을 들었기 때문에 싸움은 더 복잡해져만 갔습니다. 저희를 사랑해 주시는 몇몇 분이 치료를 위해 아기를 포기하는 것이 어떻겠냐는 말씀을 해주셨지만 저희는 거절했습니다. 아기를 절대 포기할 수 없다며 눈물을 흘리는 아내의 모습이 아직도 눈에 선합니다.

깊은 절망 가운데 하루하루가 지나갔습니다. 저는 아내와 아기를 구하기 위해 치열하게 싸웠습니다. 가슴을 찢으며 눈물을 흘리다가도 아내 앞에서는 미소를 지으며 희망찬 표정을 지었습니다. 충분히 희망이 있다고 믿었기 때문입니다. 아니, 남은 게 믿음밖에는 없었다는 말이 맞는 것 같습니다. 당시 저희가 붙들 수 있는 유일한 한 가지가 믿음이었으니까요.

그래서 저희는 웃기로 했습니다. 웃으며 고난과 싸우는 저희의 시간들은 절망과 소망이 뒤범벅된 캔버스 같았습니다. 아름다운 공원을 걸으며 희망을 이야기할 때는 승리가 보장된 전사처럼 행동했지만, 끔찍한 고통 속에서 눈물 흘리며 비명을 지르는 아내를 바라보는 저는 그저 아무것도 할 수 없는 무기력한 어린아이와 같았습니다. 언제나 최선과 최악의 미래가 번갈아 가며 저를 공격했습니다. 그래도 저희는 포기하지 않았습니다. 많이 무섭고 힘들었지만 도망가는 것을 선택하지는 않았습니다. 아직 우리의 모험은 끝나지 않았고 우리에게는 여전히 희망이 남아 있었기 때문입니다.

정직하게 말해서 저는 제정신이 아니었습니다. 하지만 제정신을 찾으려고 참 많이 노력했습니다. 그것이 제가 할 수 있는 최선이었기 때문입니다. 날카로운 칼날 위를 맨발로 걷는 느낌이었지만, 언젠가는 그 칼날 위에서 내려올 거라 믿으며 그날을 꿈꾸었습니다.

믿으실지 모르겠지만 암 투병 11개월 동안 우리는 참 많은 행복을 누렸습니다. 우리의 믿음은 암을 치료해 주지는 않았지만 고통 속에서도 행복을 느끼는 방법을 가르쳐 주었습니다. 그래서 우리는 웃을 수 있었고 손을 잡고 공원을 걸을 수 있었고 노래할 수 있었습니다.

암은 아내의 건강과 생명을 가져갈 수는 있었지만 아내의 마음을 가져갈 수는 없었습니다. 아내는 끝까지 자신의 마음을 지켰습니다. 마지막까지 포기하지 않았고, 소망을 붙잡았고, 최선을 다해서 삶을 살았습니다. 자신의 한계를 넘어서 위대한 삶을 살아 준 아내에게 저는 존경과 사랑을 드립니다. 이제 이 세상에서 아내의 모험은 끝이 났습니다. 지금 아내는 하늘나라에서 새로운 모험을 경험하고 있습니다. 저는 그곳에서의 모험이 이 땅에서의 모험보다 더 충만하고 행복하고 기쁠 것이라고 믿습니다.

물론 저의 모험은 아직 끝나지 않았습니다. 저는 한동안 지속되었던 자살 충동과의 싸움을 치러야 했고, 인생을 포기한 채 폐인이 되고 싶은 유혹을 이겨 내기 위해 몸부림쳐야 했으며, 지금도 깊은 패배감 그리고 대인 기피증과 씨름하고 있고, 남은 인생의 의미를 새로 발견하기 위해 골몰해야 하며, 아내를 닮은 딸아이에게 좋은 아빠가 되기 위해 고군분투해야만 합니다.

우리는 살면서 참 많은 모험을 합니다. 모든 모험에는 각기 여러 위험이 수반되지요. 하지만 결혼이라는 모험은 가장 위대하고 놀라운 모험이라고 저는 생각합니다. 모든 것을 잃어버릴 수 있는 위험을 감수하면서 시작하는 모험이기 때문입니다.

저를 아는 몇몇 분이 궁금해하는 점이 있습니다. 저는 이 결혼을 후회할까요?

한 여자가 참 많이 부족한 저라는 사람을 사랑해 주어서, 평생을 함께하자는 약속을 해주어서 저는 참 행복했습니다. 역사상의 모든 인연을 갈라놓은 것이 결국 죽음이었듯이, 저와 아내 역시 죽음 앞에서는 갈라져야만 했습니다. 하지만 죽음의 칼을 맞기 전에 하늘에 속한 생명을 함께 공유해 주어서 고맙습니다. 결혼이 갖는 의미를 깊이 배우기에는 너무 짧은 시간이었지만, 적어도 인생이라는 정원 안에서 함께 손을 잡고 부부라는 이름으로 나란히 걷도록 허락해 주어서 고맙습니다.

저는 사람이 '의미'를 먹고 사는 존재라고 믿습니다. 저희는 아름다운 의미를 나누는 부부로 살기 위해 노력했습니다. 그리고 아내가 남겨 준 마음의 유산은 아직도 제 안에 남아서 삶의 의미에 대한 가치 있는 가르침을 베풀고 있습니다.

저는 제 아내와 결혼한 것을 후회하지 않습니다. 세상에서 가장 아름다운 여자였고, 폭풍 속에서도 미소 짓는 법을 배우던 놀라운 사람이었습니다.

저는 아내에게 사랑의 빚을 진 사람이 되었습니다.

언젠가 아내가 저에게 서운해 한 일이 있었습니다. 거실에 있는 하얀 소파 위에서 우리는 대화하기 시작했습니다. 새벽이 왔지만 우리의 대화는 끝날 줄을 몰랐습니다. 아내는 화가 많이 나 있었지만 끝까지 화를 내지 않고 꾹 참았습니다.

저는 가끔 그날의 대화를 떠올립니다. 왜냐하면 아내가 신실하게 자신의 약속을 지켜 주었던 순간이었기 때문입니다. 결혼하기 전 아내는 저에게 자신의 결심을 몇 번이고 이야기해 주었습니다. 그 결심은 바로 어떠한 순간에도 화를 내지 않겠다는 것이었습니다. 아내는 자신이 분노가 많고 쉽게 화를 내는 사람이라고 저에게 말해 주었습니다. 하지만 저라는 사람을 만나서 화를 참는 방법을 배우게 되었으며, 이것은 자신에게 굉장히 신기한 일이라고 말했습니다.

물론 아내는 기분 나쁜 일이 있으면 숨기지 않고 바로바로 저에게 말해 주었습니다. 그런 후 우리는 서로를 이해하는 대화의 시간을 가졌습니다. 우리는 솔직한 대화로써 서로 화를 내지 않고 분노를 해결하는 방법을 함께 연습했습니다. 우리가 함께했던 3년 동안 아내는 자신의 약속을 한 번도 어기지 않았습니다. 아주 어려운 순간에도 아내는 자신의 약속을 지키기 위해 최선을 다했습니다.

우리는 서로의 삶에 사랑을 선물했습니다. 그것은 항상 쉬운 것만은 아니었습니다. 많은 노력과 희생이 필요했습니다. 하지만 우리는 부족할지언정 포기하지는 않았습니다. 그래서 우리의 결혼은 모험이라는 가치를 항상 간직할 수 있었습니다.

결혼이라는 모험은 '사랑으로의 초대'입니다. 왜냐하면 모험에 성실히 참여하는 부부는 서로의 삶을 풍성하게 만들어 주기 때문입니다. 서로를 성숙하게 만들어 주는 값진 시간은 부부에게 허락된 특별한 권리라고 믿습니다.

여러분은 결혼이라는 모험을 어떻게 헤쳐 나가시겠습니까? 결혼에 대해서는 참 많은 관점이 있습니다. 저의 이야기에 동의하시는 분들도 있고 아닌 분들도 있을 거라 생각합니다. 하지만 모험에 동참하고 있다는 부분에서 우리는 모두 동료입니다. 동료분들에게 드리는 저의 작은 선물이 바로 이 책입니다. 이 책을 통해서 조금이나마 도움을 받는 분이 계시다면 저는 참 기쁠 것 같습니다.

사실 저는 종종 두려워집니다. 왜냐하면 저는 이 분야를 전공한 전문가가 아니기 때문입니다. 모든 글은 언제나 찬사와 비판을 동시에 받더군요. 명작도 비판을 받는데 제가 쓴 보잘것없는 이 글이 얼마나 비판을 받을 요소들이 많겠습니까? 하지만 저는 1점이어도 괜찮습니다. 마이너스만 아니라면요.

아내가 떠났습니다

2014년 8월 14일 새벽 5시.

제 몸에 있는 모든 힘이 다 빠져나갔습니다. 저는 두 발을 움직일 수조차 없었습니다. '자동차를 몰고 갈까' 하는 생각을 했지만, 큰 사고가 나는 장면이 뇌리를 스쳐 지나기에 포기하고 말았습니다. 저는 간신히 몸을 움직여 아직 캄캄한 길거리로 나갔습니다. 택시가 없을까 봐 걱정했지만 다행히 금방 나타나 주었습니다. 택시 뒷문을 열고 의자에 기대앉은 저는, 바지 왼쪽 주머니에서 핸드폰을 꺼냈습니다.

평소처럼 환한 빛을 발하는 화면이 제 눈에 들어왔지만, 저는 한 글자를 적는 데에도 안간힘을 써야만 했습니다.

"수림이의 심장이 멈추었습니다."

메시지가 전송되자마자 저는 고개를 숙여 기도를 드렸습니다.

"주님···. 살려 주십시오. 심장이 다시 뛰게 해주십시오."

제가 고개를 푹 수그린 채 기도를 드리자 기사님이 걱정스러운 목소리로 물으셨습니다.

"몸이 많이 아프세요?"

저는 대답하고 싶지 않았지만 어른에 대한 예의를 지켜야 한다는 생각에 작은 목소리로 말했습니다.

"제가 아니에요···. 제가 아니에요···."

저는 이제 곧 마주쳐야 할 현실을 스스로 말할 자신이 없었습니다. 저는 겁에 질려 있었습니다.

이른 새벽이었기에 거리에는 차들이 거의 없었습니다. 덕분에 택시는 금세 병원에 도착했고, 저는 차에서 내려 응급실 안으로 뛰어 들어갔습니다. 30미터쯤 됐을까요? 그 짧은 거리를 뛰어가는 동안 저는 세상에서 가장 무서운 감정을 느꼈습니다.

응급실의 자동문이 열리자 스무 명 정도의 사람들이 동그랗게 원을 그린 채 둘러서 있는 모습이 눈에 들어왔습니다. 그분들은 웅성 거리며 제 아내를 바라보고 있었습니다. 아···. 그분들이 그녀를 지켜 주는 천사들이었다면 얼마나 좋았을까요. 하지만 그분들은 천사가 아니었습니다. 그분들은 생명을 잃어버린 젊은 여자를 호기심과 두려움이 섞인 눈으로 쳐다보는 구경꾼들이었습니다.

구경꾼들이 만든 원 안에는 무릎을 꿇은 채 눈물을 흘리는 장모님이 계셨습니다. 저는 고개를 돌려 제 아내를 바라보았습니다. 아내는 평소에 즐겨 입었던 짙은 남색 옷을 입고 침대 위에 누워 있었습니다. 그녀의 침대 옆에는 흰 가운을 입은 남자 의사가 서 있었습니다. 그는 아내의 가슴 위에 두 손을 얹고 심폐소생술을 하고 있었습니다.

원래 새하얀 피부를 가진 아내였지만…, 그 순간만큼은 창백한 쪽에 더 가까웠습니다. 저는 붉은 혈색을 잃어버린 그녀의 오른발을 붙들고 무릎을 꿇었습니다. 저는 아내의 발을 주무르면서 간절히 기도하기 시작했습니다.

"하나님…. 살려 주세요. 주님…. 살려 주세요…. 살려 주시기만 하면 시키는 건 다 하겠습니다. 거지가 되도 좋고 장애를 가져도 좋으니까 제발 살려만 주세요…."

제 기도가 너무 조건부여서였을까요? 순수하지 못한 제 기도에 기분이 상하신 걸까요? 그분은 침묵을 지키셨습니다. 저는 계속 기도했지만 아내의 호흡은 결코 돌아오지 않았습니다.

사실 저는 아내가 제 목소리를 들으면 깨어날 거라고 생각했습니다. 그녀가 가장 사랑하는 사람의 목소리니까요…. 그녀가 가장 듣고 싶은 목소리니까요…. 하지만 제가 아무리 외치고 불러도 아내는 일어나지 않았습니다. 제가 한참 동안 아내의 발을 주무르며 창백해진 그 발에 입 맞추고 있을 때, 저의 뒤를 이어 출발한 장인어른이 응급실에 도착하셨습니다.

제가 이상하게 생각했던 건, 그때까지 아내를 살리기 위해 열심히 노력하던 의사들이 장인어른이 도착함과 동시에 모든 것을 멈추고 떠나 버렸다는 사실입니다. 그분들이 떠날 때 저는 버림받았다는 느낌이 들었습니다. 우리는 차가운 바닥 위에 무릎을 꿇고 슬피 울기 시작했습니다. 그런데 한 젊은 의사가 다가와 이렇게 말하더군요.

"이제 그만 편안하게 보내드리는 것이 좋겠습니다."

편안하게… 보내준다….

그 말은 어쩌면 의사가 할 수 있는 최선의 말일지도 모르겠습니다. 아니면 응급실 분위기를 위한 하나의 조처겠지요. 하지만 저는 의사가 아니었고, 그 상황에서 응급실의 분위기까지 신경 쓸 여유는 없었습니다. 우리는 울음을 멈출 수가 없었습니다. 우는 것은 그때 우리가 할 수 있는 유일한 행동이었기 때문입니다.

그곳에서 울던 잠시 동안 (저에게는 몇 초로 느껴졌습니다) 저희를 쳐다보던 사람들 중 입구 쪽에 있던 어떤 여성의 목소리가 들려왔습니다.

"시끄러운데 나가서 울지. 운다고 죽은 사람이 살아나는 것도 아니잖아."

그때 들었던 그 말은 수개월 동안 제 마음에 박혀 저에게 깊은 상처로 남았습니다. 물론 우리는 울음을 그치지도 않았고 고개를 돌려 그분을 바라볼 정신도 없었습니다. 만약 제가 그분의 얼굴을 바라보았다면 그 생김새를 잊는 것이 가능했을까요?

의사들은 저희가 우는 동안 아내를 구석진 곳에 있는 격리실로 옮

겨 놓았습니다. 5평 정도의 새하얀 방 안에는 더 이상 구경꾼들도 의
사들도 없었습니다. 구경꾼들이 없는 것은 좋았지만 의사가 없는 것
은 슬펐습니다. 의사의 부재가 더 이상 희망을 품지 말라는 무언의
메시지처럼 느껴졌기 때문입니다.

저는 아내를 따라 그 방으로 들어가 그녀를 부여잡고 울었습니다.
그러는 동안 제가 택시에서 보낸 메시지를 확인한 목사님과 지체들
이 응급실에 도착했습니다. 저는 목사님을 격리실로 모셔 왔습니다.
그리고 아내를 위해 기도를 부탁드렸습니다. 그때 저는 말씀을 떠올
렸습니다. 하나님은 죽은 자를 살리시는 분이라는 말씀을…. 하나님
께 불가능한 것은 없다는 말씀을….

누가 보면 미쳤다고 말하겠지요? 하지만 저희는 기도했습니다.
도저히 포기할 수 없었습니다.

"하나님, 생명의 주권은 당신께 있습니다. 주님께서 원하신다면,
이 딸의 호흡을 되돌려 주십시오."

목사님과 함께 온 지체들은 아내의 몸에 손을 얹고 기도하기 시
작했습니다. 그런데 우리의 기도가 진행되는 중에 한 남자가 제 왼
팔을 살짝 건드렸습니다. 눈을 떠 고개를 돌리니 작은 종이 한 장과
펜이 보였습니다. 그 종이에는 아내의 사망을 증명하기 위해 주민
번호를 적어 달라는 글귀가 적혀 있었습니다. 하지만 저는 할 수 없
었습니다. 아직 우리는 기도 중이었고, 그것을 적는 것은 아내를 살
릴 수 있는 기회를 저 스스로 포기하는 무기력한 행위처럼 느껴졌

기 때문입니다.

저는 펜과 종이를 돌려드렸습니다.

"나중에 해드릴게요."

저는 아내의 주민번호를 적지 않아도 되는 상황이 오기를 간절히 원했습니다. 주님이 제 기도를 들어주신다면…. 주님이 제 기도를 들어주신다면….

하지만, 주님은 제가 원하는 방식으로 응답해 주지 않으셨습니다. 아내의 코에 새끼손가락을 대보고 그녀의 얼굴에 제 얼굴을 비벼 보기도 했지만 그녀는 여전히 숨을 쉬지 않았습니다. 저는 별 수 없이 몸을 돌이켜야만 했고, 저를 기다리고 있는 그 종이와 펜을 붙잡아야만 했습니다.

번호를 적어 내린 즉시 저는 무너져 버렸습니다.

저는 혼란스러웠습니다. 남편은 아무런 요구를 하지 않았는데…. 아내를 위한 장례 절차가 그 즉시 시작되어 버린 것입니다. 방금까지 살아 있었던 사람에 대한 장례 예식이 어쩌면 그리도 신속하고 빠르게 준비되는 걸까요?

하지만 전 어떤 것도 할 수 없었고, 그저 눕고 싶다는 생각만 들었습니다. 그래서 저는 장례식장 1층 로비에 마련된 소파로 걸어가 그 위에 몸을 눕혔습니다. 집안의 어르신들이 장례식을 준비하시는 동안 저는 소파에 누운 채 가까스로 호흡 곤란을 견뎌 내고 있었습니다. 작고 얇은 모포 하나로 몸을 덮은 채, 저는 격렬한 통증을 느끼면서 비틀거리기 시작했습니다.

제 주변에는 전도사님들과 몇몇 교회 지체가 머물러 저를 돌봐 주고 있었습니다. 어떤 분은 저에게 물을 가져다 주셨고, 어떤 분은 제 팔을 주물러 주셨습니다. 누군가 손을 주물러 주면 그나마 호흡하는 것이 수월해졌습니다. 하지만 저는 계속 누워 있을 수가 없었습니다. 전 일어나야만 했고 만반의 준비가 된 죽음의 무대 위로 올라가야 했습니다.

2층에 있는 장례식장으로 가기 전, 저는 이 믿기지 않는 사실을 알리기 위해 부모님께 전화를 걸었습니다.

"아빠…. 지금 당장 올라오셔야겠어요."

저는 '죽음'이라는 단어를 언급할 수 없었습니다. 그 단어를 발설하는 것은 아내의 죽음을 저 스스로 인정하는 것처럼 느껴졌기 때문입니다. 이제 곧 장례식이 시작되겠지만 그녀의 죽음을 스스로 인정하고 싶지는 않았습니다.

전화를 끊은 저는 1층에서 2층으로 올라갔습니다. 그곳에서는 아내의 죽음을 공인하는 순서가 진행될 예정이었습니다. 그저 도망치고 싶다는 생각뿐이었습니다. 하지만 그럴 수 없었던 저는 두 형제의 도움을 받아 천천히 그곳으로 걸어갔습니다. 도살장에 끌려가는 소가 춤을 추며 들어가지 않듯이 제 두 발도 결코 가벼울 수 없었습니다.

그곳에 도착하자마자 본 것은 아내의 얼굴이었습니다. 그 즉시인지 몇 시간 뒤인지는 정확히 기억나지 않지만, 큼지막한 아내의 사진이 단 위에 놓였던 것입니다. 그 사진 속에 환하게 웃고 있는 아내가 있었습니다. 장례식이 진행되는 사흘 동안 그녀는 그 사진 속에서 모든 장면을 지켜보았습니다.

임신 9개월이었을 때 아내는 만삭 기념사진을 찍고 싶어 했습니다. 그래서 우리는 일산에 있는 호수공원으로 놀러 갔습니다. 평소에도 사진 찍기를 좋아했던 그녀는 그날도 마음껏 사진을 찍으며 즐거운 시간을 보냈습니다. 그날 찍은 사진 중 가장 잘 나온 사진이 있었는데, 저는 그 사진을 볼 때마다 기분이 좋았습니다. 하지만 그 사진이 아내의 영정 사진으로 쓰일 거라고는 꿈에도 생각지도 못했습니다.

저는 아내의 장례식을 어떻게 견뎌야 하는지 배워 본 적이 한 번도 없었습니다. 이것이 이토록 고통스러운 일이라는 것을 그 누구도 저에게 말해 주지 않았습니다.

사실 저는 그곳에서 점점 미쳐 가는 중이었습니다. 지독한 우울감이 저를 덮쳐 왔고, 극도로 부정적인 생각들이 저를 지배하기 시작했습니다. 만일 아내와 저를 사랑해 주시는 분들의 섬김이 없었더라면 저는 장례식이 끝나고 정신병원이나 빌딩 옥상 위로 올라갔을 것 같습니다.

하지만 하나님은 많은 지체를 곁에 보내 주셔서 저를 도와주셨습니다. 슬픔이 넘쳐나는 그곳에는 아내가 좋아했던 찬양이 울려 퍼지기 시작했습니다. 기타를 치며 찬양을 부르는 지체들을 바라보면서 저도 작은 목소리로 찬양을 따라 부르며 울었던 기억이 납니다.

2층에서 제가 찬양을 부르고 있을 때, 1층에 있는 아내는 냉동실에 들어가 있었습니다. 저는 그녀를 만나기 위해 그곳으로 갔습니다. 작고 어둡고 차가운 냉동실에서 나온 아내의 몸은 딱딱한 얼음덩어리로 변해 있었습니다. 그녀의 몸에 손을 얹었을 때, 저는 더 이상 따뜻한 온기를 느낄 수 없다는 사실에 무척 놀랐습니다. 그럼에도 불구하고 이름을 부르면 금세라도 웃으며 일어날 것만 같은 모습에 저는 그녀를 불렀고 그녀에게 입 맞추었습니다. 하지만 제가 아무리 이름을 부르고 껴안고 키스를 퍼부어도 그녀는 일어나지 않았습니다.

저는 아내의 입술 위에 제 입술을 올려놓고 한참 동안 흐느꼈습니다. 평소처럼 뺨을 어루만지고 머리를 쓰다듬었지만 그녀는 아무런 반응도 보이지 않았습니다.

저는 다시 냉동실 속으로 들어가게 될 아내의 몸을 붙잡고 주님께 기도했습니다. 어둡고 음습한 그곳에 아내가 있게 되리라는 생각을 하니 너무 괴로웠습니다.

'하나님…. 주님께는 모든 것이 가능하시오니…, 다시 살려 주십시오.'

하지만 주님은 대답하지 않으셨습니다. 그분은 마치 귀를 막고 듣지 않기로 작정한 분 같았습니다.

저는 아내와의 만남을 마치고 다시 장례식장으로 돌아왔습니다.

분명히 결혼식장에서는 함께 입장했었는데, 이제 신랑은 신부를 냉동실에 남겨 둔 채 홀로 방에 돌아왔습니다. 멍하니 앉아 아내의 사진을 보고 있을 때, 불현듯 제 심중에 아내의 음성이 들려왔습니다.

"오빠, 이게 최선이에요."

물론 귀로 들은 것은 아닙니다. 그건 마음으로 들은 아내의 목소리였습니다. 저는 매우 혼란스러웠습니다. 그것이 환청인지, 아내의 음성인지는 아직도 잘 모르겠습니다. 하지만 이게 어떻게 최선일 수 있을까요? 저는 그 말에 동의할 수 없었습니다. 대신 저는 지독한 슬픔과 절망에 항복해 버렸습니다.

결국, 토요일 아침이 다가왔습니다. 그날은 아내와 영원히 이별하는 날이었습니다. 그녀는 예쁜 한복을 입고 있었습니다. 결혼식 때 함께 입었던 그 한복은 아내가 참 좋아하는 옷이었습니다. 저희 부부가 식을 올린 지 1년 3개월이 되는 달이었고, 사랑하는 그녀를 닮은 아기가 태어난 지 21일이 되는 날이었습니다. 그녀는 제게… 여전히 예쁜 여인이었습니다.

화장터는 장례식장에서 멀지 않은 곳에 있었습니다. 수십 년의 삶을 살아온 한 사람의 육신이 불꽃 속에서 40분 만에 소멸되어 버리고 말았습니다. 아내의 몸이 사라지는 시간 동안 벽에 걸린 스크린에서는 아름다운 자연 풍경들이 지나갔습니다. 저는 그 광경을 보며 모순이라고 생각했습니다. 자연으로 돌아간다는 의미라는 것은 알았지만…. 갈 거라면 같이 가야죠…. 그렇게 약속했잖아요….

마침내 가루로 변한 아내의 몸이 분골함으로 옮겨졌습니다. 저는 유리창 너머에 있는 분골함 앞에 서서 아내의 몸이 작은 항아리 속으로 들어가는 장면을 지켜보았습니다. 저는 작은 목소리로 계속 혼잣말을 되새겼습니다.

"저건 그냥 몸일 뿐이야. 수림이는 지금 천국에 있어…. 저건 그냥 몸일 뿐이야…. 수림이는 지금 천국에 있어."

그때 제 등 뒤에 있던 어떤 분이 제 등에 손을 얹고 말씀하셨습니다.

"맞아…. 저건 그냥 몸일 뿐이야…."

저는 그녀와 평생을 함께할 것이라고 굳게 믿었습니다. 누가 1년 3개월을 살기 위해 결혼을 할까요? 그녀가 없는 내 인생은 한 번도 생각해 본 적이 없었습니다. 그런 그녀가 어떻게 한줌의 재가 되어 제 품에 안길 수가 있습니까? 주님…. 이게 주님께서 말씀하신 은혜와 진리가 떠나지 않는 삶입니까?

제가 안을 수 있는 아내의 마지막 몸은 그녀의 분골함이었습니다. 저는 아내가 분골함이라는 새 옷을 입었다고 생각했습니다. 그것은 아주 따뜻했습니다. 그 상자에서 전해지는 따스함이 저에게는 꼭 그녀의 체온처럼 느껴졌습니다. 저는 아내의 온기를 조금이라도 더 느끼기 위해 두 팔로 상자를 꼭 껴안았습니다.

저희 부부를 태운 버스는 천천히 추모공원을 향해 출발했습니다. 30분 정도 지나 아내의 새로운 집에 도착했습니다. 그곳에는 그녀를 위해 준비된 작은 공간이 기다리고 있었습니다. 마치 장난감 아파트에 입주하는 것처럼 아내는 자신을 위해 준비된 조그만 집으로 영원히 들어가 버렸습니다. 아내의 몸이 제 손에서 떠나는 순간, 저는… 그녀가 너무 보고 싶었습니다.

저희 부부는 그렇게 이별을 했습니다. 그래도 다행이었습니다. 아내는 천국에서 새로운 삶을 시작할 테니까요. 그런데 저는…. 저는…. 이제 어떻게 하죠?

아내는 천국 문 앞에서 자신을 기다리고 계시던 예수님과 사랑의 포옹을 나누었을 것입니다. 저는 돌아오는 버스 안에서 찬양을 불렀습니다.

"나의 피난처 예수 사랑해요…. 나의 피난처 예수 사랑해요…. 세상 어떤 것도 나의 사랑 끊을 수 없네. 나의 피난처 예수 사랑해요…."

살려 주세요

2013년 6월 1일은 제 인생을 통틀어 가장 행복한 날이었습니다. 날씨가 화창해서 기분이 좋았고, 많은 분들이 찾아와 주셔서 감사했습니다. 저의 얼굴은 밝았고 아내는 예뻤습니다. 눈부신 드레스를 입은 그녀의 손을 잡고 저는 단상 위에 서 있었습니다. 지금까지 소년이었던 한 꼬마는 바로 그 자리에서 남자가 되었습니다. 저는 제가 잡은 예쁘고 사랑스러운 손이 늙고 힘없는 할머니의 손이 될 때까지 항상 사랑하며 지켜 주겠다고 모든 이 앞에서 약속했습니다.

그날부터 저희는 예쁜 가정을 꾸려 나갔습니다. 아름다운 땅 터키로 신혼여행을 다녀오고, 저희 두 사람을 위한 아담한 집에 살면서 행복을 키워 나갔습니다. 그런데 그 행복을 침입한 불청객이 있었습니다.

결혼식을 올린 지 5개월이 지난 10월, 아내가 가슴에서 작은 덩어리가 만져진다고 말했습니다. 저는 내심 불안했지만 애써 태연한 척하며 병원에 가서 검사를 받아 보자고 했습니다.

검사 결과가 나오기까지 일주일 동안 저희는 서로에게 "괜찮을 거예요…. 아무것도 아닐 거예요"라고 말하며 안심하기 위해 노력했습니다. 하지만 결코 괜찮지 않았습니다. 그것은 암이었습니다.

저는 암이라는 단어를 일평생 한 번도 신경 쓴 적이 없었습니다. 저와는 전혀 상관없는 일이라고 생각했습니다. 하지만 이제 그 단어는 공포와 두려움의 상징이 되어 버렸습니다.

암이라는 녀석은 꼼꼼한 청소부처럼 제 모든 인생의 행복과 미래를 남김없이 쓸어 담아 쓰레기통에 던져 버렸습니다. 우리의 행복한 신혼생활은 그날부로 끝이 났습니다. 우리는 두려움 가운데 떨면서 막막한 앞날을 맞이해야 했습니다.

이제 제 머릿속에는 좋은 의사를 만나야 한다는 생각만이 가득 차 있었습니다. 저는 부모님이 주신 정보를 따라 건국대학교 유방암센터에 계신 유명한 교수님을 찾아갔습니다. 진료실에 들어서면서 저는 스스로에게 주문을 걸었습니다.

'아주 초기 단계일 거야. 수술을 하면 간단하게 없어지겠지. 아주 초기 단계일 거야…. 수술을 하면….'

그날, 지하 1층에 있는 유방암센터의 진료실에서 하얀 가운을 입은 교수님이 제게 했던 말이 잊히지 않습니다. 그분의 몇 마디 말은 제 마음을 갈기갈기 찢어 놓고 말았습니다.

"수술할 시기를 놓쳤습니다. 이 정도면 3기 말 정도라고 생각하시면 됩니다."

저는 그제야 하늘이 노랗게 변한다는 말의 뜻을 실감했습니다. 그런데 참 아이러니하게도, 의사의 말에 의하면 중환자에 해당하는 아내가 제 눈에는 믿을 수 없을 만큼 건강하고 사랑스러워 보였습니다. 진료실에 함께 들어갔던 장인어른과 저는 넓은 로비로 나와 서로의 손을 붙들고 울기 시작했습니다. 눈물이 멈추지 않고 끊임없이 흘러내렸습니다. 그날의 눈물이 공식적인 마지막 눈물이었습니다. 저는 이후로도 많이 울었지만 결코 아내 앞에서는 울지 않았습니다. 그게 아내를 위한 배려라고 생각했기 때문입니다.

병원은 무척 컸습니다. 아내는 그곳에 있는 많은 방들 중 한곳을 배정받았고, 우리는 함께 병원 생활을 시작했습니다. 저는 아내가 그곳에서 오랜 시간을 보내게 되리라 생각했습니다. 저는 영화에서나 보았던 암 병동의 분위기를 떠올리며 절망과 공포를 느꼈습니다.

아내가 입원한 날 저녁, 저는 거리로 나와 근처에 있던 매장에서 전자패드와 키보드를 샀습니다. 앞으로 계속 답답한 병원 생활이 이어질 텐데…. 저는 그녀에게 세상과의 연결 통로를 만들어 주고 싶었습니다. 그녀가 침대 위에서 전자패드를 펼치고 일기를 쓰던 장면이 생각납니다. 지금은 그 패드가 이 책을 집필하는 데 사용되고 있지만요.

하지만 저의 예상과는 달리 아내의 병원 생활이 오래 지속되지는 않았습니다. 여러 가지 검사를 받던 아내는 자신의 몸에서 미묘한 변화를 느꼈습니다. 우리는 시간의 여유를 가지고 통합의학 분야의 도움을 받기 위해 퇴원했습니다. 그리고 그로부터 일주일 정도 후, 우리는 아기의 존재를 알게 되었습니다.

3주였습니다. 무슨 이유인지는 지금도 모르겠지만 하나님은 아내에게 암과 아기를 동시에 허락하셨습니다. 그 소식을 들은 몇몇 분은 치료를 위해서 아기를 포기해야 하지 않겠냐고 말씀하셨지만, 결혼하기 전부터 아내는 낙태를 반대하는 단체에 정기적으로 기부를 하고 있었습니다. 그녀는 자신에게 낙태를 권유하는 전화를 받은 날, 굉장히 화를 내면서 눈물을 흘렸습니다. 절대로 아기를 포기할 수 없다며 펑펑 울던 아내의 모습이 지금도 제 눈앞에 선합니다.

저희는 결코 아기를 포기할 수 없었습니다. 그렇다고 아내의 생명을 포기하겠다는 것도 아니었습니다. 그녀의 생명은 그리스도와 함께 아버지의 품속에 감추어져 있기 때문에…. 저희는 최선을 다해 살아가면서 기도하기로 결정했습니다. 그리고 우리의 기도는 처음 일주일 동안은 응답되는 것처럼 보였습니다.

아내의 한쪽 가슴은 딱딱한 돌처럼 완전히 굳어 버렸습니다. 그런데 우리가 예수님의 이름으로 기도하자 그 덩어리의 크기가 점점 줄어들기 시작했습니다. 처음에 아내가 암이 줄어들었다고 이야기했을 때 저는 믿을 수 없었습니다. 하지만 사흘째부터는 믿지 않을 수 없었습니다. 기도하기 전과 기도를 마친 후에 확연한 차이가 있었기 때문입니다. 아내의 가슴에 손을 얹고 기도할 때면, 저는 그 덩어리가 조금씩 줄어드는 것을 느낄 수 있었습니다. 기도를 지속한 결과, 신기하게도 일주일 동안 암 덩어리가 절반 이하로 줄어 버렸습니다.

암 덩어리가 원래의 상태에서 약 45퍼센트 정도의 크기로 줄어든 기적이 일어났기에, 저는 당연히 주님이 아내를 치료해 주실 것이라고 믿었습니다. 저는 몹시 기뻐서 주님께 감사 헌금을 드렸습니다. 그건 제 평생에 가장 행복한 헌금이었습니다. 저는 기도했습니다.

"하나님, 정말 감사합니다. 제 아내를 치료해 주셔서 감사합니다. 주님이 완전히 치료해 주실 것을 믿습니다."

그런데 아내의 암은 절반이 되어 버린 그 상태에서 변화를 멈추었습니다. 더 이상 커지지도 않았고 다시 줄어들지도 않았습니다. 날마다 미세하게 커졌다 작아졌다 반복하면서 크기를 유지할 뿐이었습니다. 의학적으로 암이 성장하거나 전이되지 않은 상태에서 11개월을 보낸 것입니다. 그것은 아내가 사망하기 전날 찍었던 CT 사진을 통해 확인할 수 있었습니다.

암의 크기가 줄어들었다고 해서 통증까지 없어진 것은 아니었습니다. 처음 몇 개월 동안은 통증이 전혀 없었습니다. 정확한 시기는 기억나지 않지만 어느 날 갑자기 통증이 찾아왔습니다. 아무리 기도를 하고, 아무리 눈물을 흘리고, 아무리 암과 관련된 책을 읽어도 통증은 전혀 사라지지 않았습니다. 하나님의 특별한 이유가 있어서였을까요? … 하지만 저희 부부에게 그 통증은 정말 견디기 힘든 것이었습니다.

아내의 통증은 날로 더 짙어 갔습니다. 그녀의 고통이 커질수록 저는 점점 무기력해졌습니다. 침대에 누워 비명을 지르며 발버둥 치는 아내의 모습을 바라볼 때면, 기도 이외에 해줄 수 있는 것이 아무것도 없는 저 자신의 무력감을 느꼈습니다. 고통받는 아내 앞에서 저는 전적으로 무능하고 나쁜 남편이었습니다. 아내를 지켜 주겠다고 약속했지만…. 그 약속을 지킬 능력이 제게는 없었습니다.

아내는 자신이 느끼는 통증이 여러 종류라고 말해 주었습니다. 어떤 통증은 바늘로 찌르는 것 같고 어떤 통증은 쓰라리고 어떤 것은 찍어 누른다고 했습니다. 또한 항상 지속되는 통증이 있고, 갑자기 닥치는 견딜 수 없는 통증이 있다고 했습니다. 그래서 저희는 언제 침투할지 모르는 통증을 경계하느라 24시간을 긴장 속에서 보내야 했습니다.

아내가 통증과 긴장으로 가득 찬 이 시기를 견딜 수 있었던 것은 바로 아기 때문이었습니다. 아내는 언제나 아기를 생각하며 고통을 물리쳐 나갔습니다. 그녀는 세상에서 아기를 가장 사랑하는 사람이었습니다. 그녀의 모든 일상은 아기를 위해 조정되었습니다.

아내는 암과의 힘겨운 싸움 가운데서도 언제나 말씀을 읽고, 외우고, 적었습니다. 그녀는 저에게 말씀을 읽어 달라고 요청했고 기도해 달라고 부탁했습니다. 지금도 장롱에는 아내가 정성껏 적어 놓은 말씀 노트가 있습니다. 저는 아이가 어느 정도 자라면 그 노트를 아이에게 줄 생각입니다.

저희 부부는 암과 싸우기 위해 정말 많은 공부를 했습니다. 암과의 투쟁을 위한 정보는 곳곳에 넘쳐났습니다. 우리는 여러 방법을 시도했고, 여러 음식을 먹었으며, 여러 곳을 돌아다녔습니다. 물론 하나님이 암을 치유해 주실 것을 믿었지만, 그렇다고 저희가 할 수 있는 최선을 포기할 수는 없었습니다.

당시 저희는 경기도 부천시에 살고 있었는데, 가까운 거리에 있는 인천대공원이 좋은 쉼터가 되어 주었습니다. 우리는 함께 소풍을 가서 좋은 공기를 마시고 즐거운 대화를 나누고 동물들을 구경하고 자전거도 탔습니다. 가끔은 모기장을 쳐놓고 자리에 누운 채 재미있는 라디오 프로그램을 들으며 함께 웃기도 했습니다. 매 순간 긴장의 끈을 놓을 수 없었지만, 그래도 끝까지 서로를 지켜 주며 함께 웃으려 노력했습니다. 그 시절 우리는 정말 열심히 살았고, 끝까지 포기하지 않았습니다.

슬픔과 기쁨과 소망과 두려움이 뒤섞인 10개월을 보낸 후, 아내가 그토록 기다려 온 아기가 태어났습니다.

2014년 7월 24일 새벽, 부천성모병원에 입원한 아내에게 진통이 시작됐습니다. 아내는 급속 분만을 했고, 2.74킬로그램의 사랑스러운 아기가 드디어 세상을 향해 얼굴을 내밀었습니다. 저는 몸 이곳저곳에 피가 묻어 있는 작은 영혼을 품에 안고 환영의 인사말을 건 넸습니다.

"안녕, 아가야…. 내가 아빠란다…. 우리 잘 지내보자…."

출산을 마친 아내는 2인실에서 저와 함께 사흘 정도 병원 생활을 했습니다. 하지만 그녀는 여전히 자신을 괴롭히는 통증을 고스란히 느끼며 몸부림쳐야 했습니다. (그녀는 암 통증보다는 차라리 출산의 고통이 낫다고 말했습니다. 물론 출산 때가 가장 아프기는 했지만, 고통의 끝이 약속된 출산과는 달리 암은 끝을 알 수 없는 통증이 이어졌기 때문입니다.)

병원에서의 이틀째 저녁이었습니다. 밤늦은 시간 고통 속에 있던 아내는 저에게 이렇게 말했습니다.

"오빠…. 저는 도대체 언제까지 이렇게 아파야 하나요?"

저는 할 말이 없었습니다. 제가 무슨 말을 할 수 있겠습니까? 저는 늘 그렇듯 앵무새처럼 같은 말을 되뇌었습니다.

"하나님이 치료해 주실 거예요…."

사흘 동안의 병원 생활을 마치고, 우리는 장모님이 계시는 수원으로 이동했습니다. 아내가 어린 시절을 보냈던 그 집에서 하나님은 아내에게 닷새 동안의 평안을 허락해 주셨습니다. 제가 만약 그 시기의 닷새가 어떤 의미였는지를 알았다면, 아내에게 더 많은 사랑을 줄 수 있었을 텐데요…. 그 기간 동안 아내는 통증에서 놓여나 자유로운 나날을 보낼 수 있었습니다. 아내가 고통 없이 마음껏 밥을 먹을 수 있었던 유일한 시간이었지요.

통증이 멈추었다는 사실은 저와 아내에게 굉장한 희망을 주었습니다. 우리는 이제 하나님이 암을 치료해 주실 거라고 생각했습니다.

그 생각대로 되었다면…. 지금 제 앞에는 아기를 안고 있는 아내가 앉아 있었을 겁니다. 하지만 지금은 그저 비어 있는 의자 2개가 보일 따름입니다.

현실은 제 기대와 달리 흘러갔습니다.

어느 날 저녁, 아내는 갑자기 이전과 같은 그 비명을 지르기 시작했습니다. 잠시 동안 잊고 있었던 절망과 두려움이 다시 제 마음을 덮쳐 왔습니다. 아내의 비명 소리를 처음 들은 장모님과 장인어른은 큰 충격에 휩싸였습니다. 부모님이 걱정할까 봐 자신의 고통을 한 번도 드러내지 않았던 아내는 그녀가 오래도록 사용해 왔던 침대 위에서 몸부림을 치고 있었습니다.

아내의 고통을 지켜보는 제 심정은 마치 복싱 챔피언과 맞서 싸워야 하는 열 살짜리 어린아이의 마음과도 같았습니다. 도무지 겨룰 수 없는 상대에게서 전해지는 공포…. 최악의 상황이 벌어질지도 모른다는 두려움…. 어떤 도움도 줄 수 없다는 무력감…. 언제 끝날지 모른다는 절망…. 하지만 결코 포기할 수 없는 나의 반쪽.

그럼에도 저는 희망을 이야기했습니다. 저는 아내가 희망을 잃어버릴까 봐 겁이 났습니다.

그때부터 아내를 위한 식이 조절이 시작되었습니다. 그녀의 경험상 정상적인 식사는 통증을 증폭시켰습니다. 그녀는 산모에게 필요한 여러 영양분을 죽의 형태로 바꾸어 섭취했고, 몸의 회복을 위해서 몇 걸음씩 걷는 연습을 시작했습니다. 어떤 날은 집 주변을 걸었고, 어떤 날은 가까운 공원을 잠시 동안 거닐었습니다.

아내와 함께 공원에 다녀온 날이 기억납니다. 수원시에 있는 어느 공원에서 우리는 벤치에 앉아 쉬고 있었습니다. 제 오른쪽 어깨에 몸을 기댄 그녀는 저에게 이런 말을 하면서 울기 시작했습니다.

"너무 비참해요… 너무…. 저 자신이… 너무 비참해요…."

아내는 병을 앓고 있는 자신의 처지를 절망했습니다. 그녀는 자신이 많은 사람들에게 (특히 저와 부모님에게) 피해를 끼치는 존재라고 생각했습니다. 저는 울고 있는 아내에게 다시 소망을 이야기했습니다. 하지만 그날은 제 목소리도 무겁고 힘이 없었습니다. 저 자신부터가 깊은 무력감에 짓눌려 있었기 때문입니다.

산책을 다녀온 뒤로 며칠 동안 아내의 몸은 점점 쇠약해져 갔습니다. 아내는 몸을 움직이고 호흡하는 것을 점점 힘들어했습니다. 우리는 결국 119를 불러야만 했습니다. (119를 부르기 며칠 전에 우리는 병원에서 혈액 검사를 했고, 모든 수치는 정상 범위 안에 있거나 그와 가까웠습니다.) 수원에 있는 한 대형병원에 들어갔을 때, 아내는 미소 띤 얼굴로 저에게 말했습니다.

"여기는 많이 아픈 분들이 오는 곳인데 저 같은 사람이 오니까 좀 이상하네요."

의사와 간호사들은 여러 가지 검사를 진행했습니다. 6~7회 정도 채혈이 이루어졌고, CT 촬영과 다른 몇 가지 검사도 진행되었습니다. 우리는 이내 필요한 조치를 받고 집으로 돌아갈 수 있을 것이라 생각했습니다. 하지만 그곳에서의 검사는 밤이 새도록 이어졌습니다. 더구나 응급실은 편하게 쉴 수 있는 환경이 아니었습니다. 온종일 불이 환히 밝혀진 소란한 그곳에서 아내는 거의 밤을 새다시피 했습니다.

다음 날 새벽, 저와 아내는 둘 다 피곤하고 지친 상태였습니다. 의사들은 제 아내의 암이 전이되거나 확장되었기 때문이라고 생각했지만, 결과는 전혀 달랐습니다. 진행된 모든 검사 결과는 아내가 정상이라고 말해 주었습니다. 암은 조금도 발전하지 않았습니다. 그런데 그 결과를 들으니 오히려 더 막막했습니다. 기력이 떨어지고 숨을 쉬기 힘든 이유가 전혀 밝혀지지 않은 데다, 밤샘 검사와 소란스러운 환경 때문에 아내가 매우 지쳐 버렸기 때문입니다.

우리는 결국 더 많은 검사를 해보자는 의사의 의견을 거절하고 집으로 돌아가기로 했습니다. 저는 아내를 쉬게 해주고 싶었습니다. 아내에게 가장 필요한 것이 쉼이라고 생각했기 때문입니다. 그런데 집에 도착한 지 20분이 되자 아내가 다시 병원을 가야 할 것 같다고 말했습니다. 퇴원하기 직전까지도 혼자 몸을 가누고 밥도 먹을 수 있었는데…. 집에 도착하자마자 갑자기 몸 상태가 안 좋아진 것입니다.

아내와 저는 다시 구급차를 타고 응급실로 되돌아갔습니다. 그때가 저녁 8시 정도였으니, 우리는 결국 2시간 정도의 외출을 다녀온 셈이었습니다. 의사는 다음 날 아침 골수 검사를 하자고 했습니다. (사실 아내는 이 검사를 받지 않으려고 집에 돌아가자고 한 것이었습니다. 이 골수 검사가 특히 더 아프다는 말을 들었기 때문입니다.)

전날 한숨도 못 잔 저를 위해 그날은 장모님이 아내의 곁을 지키기로 했습니다. 제가 그곳을 떠나기 전, 그곳은 부산스러움과 병원 특유의 독특한 냄새로 가득 차 있었습니다. 천장에 촘촘하게 달린 형광등이 환하게 빛나고 있었고, 무뚝뚝한 간호사들이 환자들의 요구에 따라 바쁘게 움직이고 있었습니다. 저는 산소 호흡기를 낀 채 침대에 누워 있는 아내를 바라보며 미소를 지었습니다.

"사랑해요."

아내도 평소처럼 웃으며 저에게 대답했습니다.

"사랑해요."

이것이 우리 부부의 마지막 대화였습니다.

저는 다음 날 아침에 돌아오기로 하고 병원에서 나와 주차장으로 향했습니다. 운전석에 앉은 저는 장모님이 주신 도시락을 펼쳤습니다. 온종일 식사를 못했던 탓인지 도시락 통에 담긴 밥과 국이 빠른 속도로 사라졌습니다.

"주님…. 도와주세요…. 주님…. 도와주세요…."

저는 불안한 감정을 애써 외면하면서 입안으로 정신없이 음식을 밀어 넣었습니다. 순식간에 도시락을 흡입한 저는 차에 시동을 걸었고, 우리가 3년 동안 함께 사용했던 차는 저를 아내의 집으로 데려다 주었습니다.

집에 도착한 저는 혼란과 걱정에 휩싸였습니다.

'골수 검사가 많이 아프지는 않을까? 아내의 기력이 더 떨어지면 어떻게 하지? 도대체 무엇이 문제일까?'

이런 생각을 하면서 저는 아내가 사용했던 침대에 누웠습니다. 아주 잠시 동안… 저는 잠을 잤습니다. 그리고 그 잠깐의 휴식은 날카로운 비명소리와 함께 영원히 끝나 버렸습니다.

저는 커다란 소리에 놀라 다급히 뛰어나갔습니다. 빈 거실에는 장인어른이 덩그러니 앉아 오열하고 계셨습니다. 그리고 저는 태어나서 가장 듣기 싫은 이야기를 듣고 말았습니다.

"수림이 심장이 멈췄대."

그 순간 온몸의 힘이 빠져나갔고, 대형 사고가 나는 장면이 불현듯 스쳐 지나갔고, 택시를 타야 한다는 생각이 들었습니다.

저는 문을 열고 엘리베이터 버튼을 눌렀습니다.

울다

　장례식이 진행될 때, 저의 임무는 방 안으로 들어오는 사람들을 맞이하는 것이었습니다. 사람들이 다가오면 저는 그분들에게 인사를 했고, 그분들은 저를 포근히 안아 주셨습니다. 그 품에 안긴 저는 따뜻하고 뭉클한 그 무언가를 느꼈고, 때때로 그 품속에 안긴 채 울기도 했습니다.

　장례식장에서의 이런 만남은 마음껏 울 수 있는 기회를 마련해 주는 것 같습니다. 만약 공식적으로 슬퍼할 수 있는 그곳에서조차 마음껏 울지 못한다면, 장례식이 끝난 후에 심각한 우울증에 시달리게 될지도 모릅니다.

　다행히도 저는 장례식장에서 충분히 울 수 있었습니다. 그래서 장례식이 끝난 후에도 심각하지 않은 경증 우울증에 그쳤던 것 같습니다. 수없이 울었던 그 시간 중에 특별히 떠오르는 한 장면이 있습니다. 교회의 어떤 집사님과 함께 통곡했던 장면입니다. 그 집사님이 처음 저에게 다가오셨을 때, 저는 그분과 포옹을 할 거라고 생각했습니다. 그런데 그분은 저를 끌어안는 대신 무릎을 꿇고 저를 향해 두 팔을 벌리셨습니다. 저는 약간 당황스러웠지만 그분처럼 무릎을 꿇은 채 그 품에 안겼습니다.

그런데 그분의 품속에서 눈물을 흘리기 시작하자 이상하게도 큰 소리로 울고 싶다는 충동이 일어났습니다. 항상 감정을 억누르며 살아왔던 저인지라 평소라면 이런 충동을 무시하고 억눌렀을 테지만, 그때는 그럴 필요가 없었습니다. 그래서 저는 슬픈 감정을 억누르지 않고 이내 큰 소리로 울기 시작했습니다. 그 순간, 짐승에게서 나올 것 같은 울부짖음이 터져 나왔습니다. 제 온몸의 근육들을 다 사용해서 울부짖는 그 몇 초 동안 저는 제 자신이 이렇게까지 울 수 있는 사람이라는 사실에 깜짝 놀랐습니다.

사흘 동안의 장례 기간 동안, 그 순간만큼 솔직하게 슬픔을 표현했던 적은 없었습니다. 그런데 그렇게 큰 소리로 울고 있을 때, 갑자기 가슴 한 부분에서 이상한 느낌이 전해졌습니다. 그 느낌은 심장의 약간 아래쪽에 지름 5센티미터 정도의 구멍이 뚫려 있는 듯한 느낌이었습니다. 저는 그 느낌을 통해 제가 얼마나 큰 상처를 받았는지 더 확실히 알게 되었습니다. 그리고 그날 느꼈던 구멍 뚫린 느낌은 한동안 지속되었습니다. 몇 달 동안은 그때 울부짖었던 순간을 떠올리기만 해도 슬픔이 솟구치면서 눈물이 폭포처럼 쏟아졌습니다.

그래서 한동안 제가 짐승처럼 울었던 것이 잘한 행동인지 잘못한 행동인지 되짚어 보아야 했습니다. 너무 크게 울어서 마음에 구멍이 난 것이라면 바보 같은 행동을 한 것이라 생각했기 때문입니다. 하지만 결국, 저는 그것이 잘한 행동이라는 결론을 내렸습니다. 만약 크게 울어서 마음에 구멍이 난다면 커다란 목소리로 슬피 우는 아기들은 모두 상처투성이의 우울증 환자가 되어 버렸겠지요.

저는 슬픔을 억제하지 않고 애통하는 것이 치료에 도움이 된다고 생각합니다. 물론 영원히 울어서는 안 되겠지만, 어느 정도는 힘껏 울어야 한다고 생각합니다. 그리고 저처럼 슬픈 감정을 억눌러 왔던 사람에게는 한번쯤 감정을 해방시키는 경험도 필요한 것 같습니다. 그러한 경험을 통해서 자신에게 생긴 상처가 얼마나 심각한지 세심하게 느끼고 파악하며 이해할 수 있게 되기 때문입니다.

어릴 적 꿈

어릴 적 저에게는 꿈이 있었습니다.

그건 바로 예쁜 아내를 만나서 행복한 가정을 이루는 것이었습니다. 왜 그런 꿈을 갖게 되었는지에 대해서는 깊이 고민해 본 적이 없었는데, 지금 생각해 보면 저의 아버지와 영화가 큰 비중을 차지한 것 같습니다.

매우 가정적이셨던 아버지는 가족의 화목과 사랑을 가장 중요하게 여기셨습니다. 저는 서로 깊이 사랑하는 부모님의 모습이 보기에 참 좋았습니다.

한번은 이런 일이 있었습니다. 네팔에 단기선교를 가기 위해서 인천공항에 도착했을 때였습니다. 저는 공중전화의 수화기를 들고 아버지의 핸드폰으로 전화를 걸었습니다. 그때 전화를 받으신 아버지가 들뜬 목소리로 자랑을 하셨습니다.

"인경아, 오늘 엄마가 나한테 무슨 이야기를 한 줄 아니? 다시 태어나도 나랑 결혼하고 싶다고 했단다."

이 이야기를 하시면서 아버지는 우셨습니다. 수화기 너머로 들려오던 아버지의 울먹이는 목소리는 제 가슴속에 깊은 여운을 남겼습니다.

저는 아버지가 부러웠습니다. 평생을 함께한 아내로부터 다시 태어나도 함께 살고 싶다는 고백을 들었으니까요. 이것은 저에게 인생을 잘 살아온 사람들이 받는 성공의 표증으로 느껴졌습니다. 그날 이후 저는 내내 이런 다짐을 해왔습니다.

'나중에 사랑하는 사람을 만나서 결혼하면, 아빠가 그랬던 것처럼 최선을 다해서 잘해 줘야지…. 그리고 언젠가 나이가 들었을 때 다시 태어나도 당신과 결혼해서 함께 살고 싶다는 고백을 들어야지…. 그런 행복한 가정을 꾸려야겠다….'

저에게 이런 꿈을 심어 준 또 다른 통로는 바로 영화였습니다. 여러 영화가 있겠지만, 특별히 어릴 때 보았던 〈편지〉라는 영화가 기억이 납니다. 친구와 함께 들어간 영화관에서, 저는 관람하는 내내 한참을 울었습니다. (사실 영화 내용보다도 내가 다른 사람들 앞에서 울었다는 사실에 더 큰 충격을 받았습니다.) 그 이외에도 〈물랑루즈〉, 〈로미오와 줄리엣〉, 〈로마의 휴일〉, 〈타이타닉〉, 〈이프 온리〉 등등. 수

많은 영화를 보며 로맨틱한 사랑을 하는 것이 인생 최고의 행복이라는 생각을 심중에 새기게 되었습니다.

그러다 저는 어릴 적부터 꿈꿔 온 생각들을 위협하는 다른 가능성도 있다는 사실을 알게 되었습니다.

스무 살 때쯤으로 기억합니다. 저는 한창 열심히 예수님을 믿고, 예배를 드리고 신학 공부를 하고 있었습니다. 특히나 신앙 서적을 열심히 읽던 시절이었지요. 여러 권의 책을 읽던 중 저는 제 꿈을 위협하는 문제의 책을 만나고 말았습니다. 그 책의 제목, 저자, 줄거리는 조금도 기억나지 않습니다. 단지 제 꿈을 위협하는 한 가지 이야기만 기억에 남습니다.

그 책에는 하나님께 귀하게 쓰임 받은 몇몇 목사님이 등장했습니다. 그런데 그분들은 한결같이 어려운 고난을 통과한 후 놀라운 사역에 쓰임을 받게 되었습니다. 어떤 분은 죽을병에 걸렸다가 나았고, 어떤 분은 사업에서 망한 후에 길을 돌이켰습니다. 그런데 저에게 공포를 심어 준 것은 바로 마지막에 등장한 목사님의 사연이었습니다. 그분은 결혼한 지 얼마 지나지 않아 자신의 아내를 잃고 만 것이었습니다. 그 내용을 읽던 저는 책을 덮고 기도를 시작했습니다.

"하나님…. 여러 가지 고난이 오는 건 괜찮은데요…. (사실 전혀 괜찮지 않았습니다. 하지만 가장 싫어하는 것을 피하기 위해 다른 몇 가지를 허용하는 유연함은 발휘할 수 있었습니다. 전 신학생이었으니까요.) 결혼하고 아내를 잃어버리는 고난만큼은 피하게 해주세요."

어릴 적 저에게는 꿈이 있었습니다.

그 간절한 꿈은 행복한 가정을 이루는 것이었습니다. 다른 사람들에게는 예수님을 위해서 살고 싶다고 이야기했지만, 실은 행복한 가정을 이루는 것이 조금 더 중요했습니다. 그래서 그 꿈을 이루지 못할까 봐, 또는 그 꿈이 산산조각 날까 봐 항상 걱정하면서 살아왔습니다.

그런데 그 걱정이 이제 현실이 되어 버렸습니다. 제 마음속에 오랫동안 숨겨 두었던 두려움은 이제 제 삶이라는 무대에서 칼자루를 쥔 채 저를 노려보고 있었습니다.

처음 아내의 몸속에 암 덩어리가 있다는 것을 알았을 때, 아내를 떠나보내는 상상을 하며 두려움에 떨었던 제 모습이 기억납니다. 아내를 잃어버린다는 것은 제가 그동안 키워 왔던 인생의 꿈까지 송두리째 잃어버리는 것을 의미했습니다.

제가 품어 온 행복한 가정에 대한 꿈은 산산조각 났고, 저는 이제 영원히 불행한 삶을 살게 될 거라는 절망에 붙들려 버렸습니다. 하지만 그렇다고 해서 인생을 포기하고 죽어 버릴 수도 없었습니다. 만약 지옥에 가지 않는다는 확신이 있었다면 저는 기꺼이 부모님이 살고 계신 아파트 15층에서 뛰어내릴 용의가 있었습니다. 그런데 저에게 그런 종류의 믿음은 없었습니다. 종종 자살하는 상상을 하기는 했지만, 그와 동시에 활활 타오르는 지옥불도 함께 떠오르는 바람에 뜻을 이루지는 못했습니다.

이럴 수도 저럴 수도 없는 상황을 일컬어 '사면초가'라고 하던가요? 저는 일종의 사면초가와 같은 상황에 처해 있었습니다. 살고 싶지도 않았지만 그렇다고 죽을 수도 없었습니다. 제가 가장 두려워하는 일이 일어났기 때문입니다. 제 인생의 반쪽이 불에 타서 사라져 버린 이후로, 저는 일종의 회복 불가의 결함을 갖게 되었다는 절망감 속에서 살아야만 했습니다. 그 누구도 저를 홀아비라고 멸시하지 않았지만, 저 스스로 자신을 멸시하며 천하게 생각했습니다.

그래서 저는 한동안 사람들의 얼굴을 바라보지 못했습니다. 사실 지금도 사람들의 눈을 바라보는 것은 좀 겁이 납니다. 누군가를 만나면 그 사람은 정상인 것 같고 저 자신은 심각한 문제가 있는 존재로 느껴지기 때문입니다. 마치 모든 사람들이 저를 손가락질하면서 욕하는 것 같다는 생각에 제 마음은 늘 서글프고 아픕니다.

어릴 적 저에겐 꿈이 있었습니다.

하지만 이제 그 꿈은 불타 버렸습니다. 저는 손을 뻗어 무엇을 붙잡고 삶을 이어 가야 할지 알지 못했습니다.

내가 죽인 걸까요?

'나 때문에 죽은 걸까?….'

한동안 이런 생각이 저를 괴롭혔습니다.

'나 때문에 주님이 아내를 데려가신 걸까? 내가 더 잘해 주었으면 지금도 살아 있지 않을까? 기도를 많이 하지 않아서 아내를 데려가셨나? 순종을 더했다면 살아 있을지도 모르는데…. 혹시, 나 말고 다른 사람이랑 결혼했으면 건강하고 행복하게 잘 살아 주지 않았을까? 내가 금식 기도를 더 오래했다면 살아 있었을까?'

이런 생각이 들 때면, 저는 견디기가 참 힘들었습니다. 무겁고 차가운 두 개의 철판이 양쪽에서 제 심장을 조여 오는 것만 같았고, 하늘의 커다란 보좌에 앉은 하나님이 차갑고 냉랭한 눈빛으로 저를 내려다보시는 것만 같았습니다. 저는 저항할 수 없는 죄의 사슬에 꼼짝없이 묶여 버린 느낌이었습니다. 하지만 더 어려웠던 것은 뭇 사람들에 대한 원망의 마음이 솟아날 때였습니다.

'아내의 주변 사람들이 조금만 더 아내에게 잘해 주었더라면 살아 있었을 텐데…. 아내의 동료들이 아내에게 스트레스를 덜 주었더라면 괜찮았을 텐데…. 아내를 힘들게 했던 몇몇 사람들이 더 예의를 갖춰 그녀를 대해 주었더라면 건강했을지도 몰라. 아내가 다녔던 식당 주인들이 더 깨끗한 음식을 제공했더라면…. 환경이 더 깨끗한 나라에서 살았더라면…. 더 좋은 병원에 갔더라면….'

그리고 그 부정적인 생각은 제 아이마저 공격하기 시작했습니다.

'아기가 생기지만 않았어도 아내가 살았을 거야. 아기가 태어났기 때문에 아내가 죽은 거야….'

그런 생각이 떠오르면 저는 참 힘들었습니다. 나를 비난하는 건 쉽고, 다른 사람을 비난하는 건 힘겨웠으나, 아이를 비난하는 건 괴로웠습니다. 아무 잘못도 없는 아이에 대한 부정적인 생각은 그 자체가 사단이 주는 속임수라는 것을 알았기 때문입니다.

저는 성경을 읽고, 기도를 드렸습니다. 신앙 서적을 읽고 지체들과 함께 예배했습니다. 머릿속에서는 계속 부정적인 생각들이 저를 공격했지만 저는 그것을 끊임없이 거절하는 싸움을 했습니다. 시간이 걸리기는 했지만, 제 마음을 진리로 채우려 노력한 덕분에 저는 마침내 저나 아기 때문에 아내가 죽었다는 거짓된 생각에서 벗어날 수 있었습니다.

저는 이제 아내의 죽음에 대해 그 누구에게도 책임을 묻지 않습니다. 병원 때문도 아니며, 사회 때문도 아니고, 주변 사람들 때문도 아니고, 저 때문도 아니고, 아기 때문도 아닙니다. 왜냐하면 생명의 주권은 하나님께 있기 때문입니다.

하나님의 허락 없이는 참새 한 마리도 땅에 떨어지지 않습니다. 그리고 저는 그 말씀을 믿는 사람입니다. 하나님의 허락 없이는 새 한 마리도 죽지 않는데, 그분의 허락 없이 사람의 목숨이 사라질 수는 없습니다. 설령 잘못을 했다 하더라도 우리에게는 예수님의 보혈이 있습니다. 그분의 품에 안긴 아내도 이미 모든 것을 용서했다고 저는 믿습니다. 만약 하나님과 아내가 모두를 용서했다면, 그녀의 죽음에 대해 그 누구도 비난의 대상이 될 수 없습니다. 이것은 주님이 주신 은혜의 선물입니다. 저는 그 선물을 기꺼이 받아들이기로 결심했습니다.

하지만 한동안은 아기를 쳐다보기만 해도 눈물이 났습니다. 아기를 보면 언제나 아내의 모습이 생각났기 때문입니다. 휠체어에 앉은 아내가 간호사의 품에 안겨 있는 아기를 바라보면서 슬프게 울던 모습이… 수도 없이 생각납니다.

다행히도 지금은 아기를 바라보면 사랑스러운 느낌이 듭니다. 하지만 당시에는 완전히 무너져 버린 제 마음 때문에 아기를 바라보면 오직 슬픔만이 느껴졌습니다.

올다

시간이 지나면 제 딸은 엄마에 관한 이야기를 듣게 될 것입니다. 저는 혹시 아이가 스스로 오해하여 자신 때문에 엄마가 죽었다는 생각을 할까 봐 걱정이 됩니다. 그래서 저는 딸에게 해줄 말들을 미리 준비했습니다. 딸이 이 말들을 듣고 조금의 죄책감도 품지 않고 행복하게 살아 주었으면 좋겠습니다.

사랑하는 딸아! 엄마는 참 많이 아픈 사람이었는데,
네가 있어서 아픔을 참을 수 있는 힘을 얻었단다.
너의 존재는 엄마로 하여금 하루하루를 기쁨으로 살아갈 수
있게 해주었지. 하나님은 엄마를 몹시도 사랑하셔서
조금 일찍 하늘로 데려가셨는데, 엄마와 엄마가 사랑하는
사람들을 위해서 너를 보내 주셨단다. 때로는 엄마가
너무 많이 아파서 오래도록 울었지만, 그 눈물을 닦아 낼 수
있었던 건 바로 네가 존재했기 때문이란다. 하나님이 엄마를
무지무지 사랑하셔서 엄마의 인생에서 가장 멋진 선물을
주셨는데, 그게 바로 너란다. 원래 암 환자는 통증이 극심한데,
아기를 가지면 호르몬의 변화 때문에 그 통증이 줄어든단다.
너는 엄마에게 새 힘을 주고, 사랑을 주고, 기쁨을 주고,
견딜 수 있는 능력을 선물한 멋진 아이란다. 엄마는 항상
너를 보면 새 힘이 난다고 했지. 아무리 힘들어도 너만 보면
다 괜찮아진다고 했어. 엄마는 세상 그 누구보다

너를 많이 사랑했고 너를 기뻐했고 너를 좋아했어.

엄마는 네 덕분에 더 오래, 더 건강하게,

더 행복하게 살아갈 수 있었어.

너는 참 좋은 아이야.

돌아가고 싶어요

       장례식을 마친 후에 저는 부모님의 차를 타고 거제도로 내려갔습니다. 유년기를 보낸 작은 마을의 아파트에서 저는 부모님과 함께 한 달 동안 안식의 시간을 가졌습니다. 하지만 그때의 제 몸과 마음은 심각할 정도로 좋지 않았습니다. 한참 동안 멍하니 벽을 바라보며 앉아 있기도 했고, 침대 위에 누워 하염없이 천장을 응시하고 있기도 했습니다.

    제 일과는 아내를 생각하는 것이었습니다. 하지만 아내를 생각하면 할수록 저의 괴로움은 더해져만 갔습니다. 아내의 모습을 떠올리며 아내가 살아 돌아오는 상상을 반복했기 때문입니다. 수백 번 수천 번 아내를 살려 내는 상상을 하던 저는 가끔씩 아내가 정말 내 옆에 있을지도 모른다는 느낌을 받기도 했습니다. 눈을 질끈 감은 채 아내가 살아 있다는 생각을 반복하면서 자기암시를 하고 있노라면, 눈을 떴을 때 아내를 볼 수 있을 것만 같았습니다. 저는 그때의 제가 정신이 조금 이상했었다고 생각합니다.

그때는 하루가 일주일처럼 느껴졌습니다. 시간은 너무도 더디게 흘렀습니다. 하지만 제가 아무리 되살리는 상상을 해도 아내는 살아나지 않았습니다. 그래도 저는 포기하지 않고 한 가지 상상을 더 했습니다. 그것은 바로 시간을 되돌려야 한다는 강박적 생각들이었습니다.

저는 2014년 8월 14일 이전으로 돌아가는 상상을 했습니다. 적어도 제 마음속에서 시간은 멈추어 있었습니다. 저는 시간이 흘러가는 것을 거부했습니다. 상상 속에서는 1년, 2년 전으로 돌아가 아내를 껴안고 있었습니다. 가끔씩 저는 하나님께 기도하면서 시간을 돌려 달라고 요청하기도 했습니다. 지금 생각해 보면 참 바보 같은 짓이었지만 그때는 그것만이 제가 할 수 있는 전부였습니다.

저를 괴롭힌 것은 단지 상상만은 아니었습니다. 온몸이 구타를 당한 것 같은 통증과 여러 개의 무거운 추를 달고 있는 것 같은 느낌 때문에 몸을 움직이는 것이 여간 쉽지 않았습니다. 마음이 아프면 몸도 따라 아프다는 것을 그제야 알았습니다. 제 몸은 점점 건강을 잃어 갔습니다.

몸이 약해진 이유 중 하나는 바로 영양 부족이었습니다. 저는 한

동안 식사를 하지 못했습니다. 밥을 먹기 위해 식탁에 앉으면 울컥 눈물이 솟으면서 우울감이 찾아들었기 때문입니다. 그래서 얼마 동안은 모든 것을 죽으로 만들어 먹어야 했습니다. 초반에는 토마토를 갈아서 꿀을 섞은 것이 먹을 만했습니다.

그때부터 저는 아주 조금씩 음식을 먹는 훈련을 시작했습니다. 식탁 앞에 앉으면 눈물이 흐르려 했지만 억지로 참으면서 반찬을 한 가지씩 먹었습니다. 새로운 반찬을 발견할 때마다 본능적으로 거부감이 밀려왔기 때문에, 하나의 반찬을 먹고 다시 눈물을 참으면서 다른 종류의 반찬을 입에 집어넣어야 했습니다. 각각의 음식은 아내와의 추억을 떠올리게 했고, 제가 좋아하거나 아내가 좋아하는 음식들은 시간이 어느 정도 흐른 후에야 먹을 수 있었습니다.

한동안 밥을 먹을 때마다 제 마음을 아프게 찌르는 기억이 떠올랐습니다. 그건 바로 끝내 지키지 못한 아내와의 약속이었습니다. 아내는 암 환자가 된 이후로 11개월 동안 음식을 제대로 먹지 못했습니다. 그래서 맞춤 음식 이외에 아내가 원하는 음식은 항상 나중에 먹자는 기약 없는 약속을 해야만 했습니다.

아내는 저와 함께 차를 타고 나갈 때마다 길거리에 늘어서 있는 식당들을 구경했습니다. 그녀에게는 그 식당들이 꿈속에서나 갈 수 있는 장소였기 때문입니다. 그녀는 종종 저를 바라보면서 이렇게 말했습니다.

"오빠, 나 저거 먹고 싶어요···. 저것도 먹고 싶어요···."

아내가 그런 말을 할 때면 저는 언제나 가슴이 미어졌습니다. 그녀가 아무리 원해도 그 음식을 사줄 수 없었기 때문입니다.

저는 그런 말을 들을 때마다 같은 대답을 반복했습니다.

"나중에… 다 나으면 같이 먹으러 가요."

저는 이 약속을 꼭 지키기로 결심했습니다. 그때는 반드시 그렇게 될 수 있을 것이라고 생각했습니다. 하지만 이제 저는 그 약속을 끝내 지키지 못한 남편이 되어 버렸습니다. 그래서 길거리의 식당들을 보거나, 식탁 위의 음식들을 볼 때면 저는 어김없이 아내가 생각납니다. 그녀가 밝게 웃으며 그 음식들을 마음껏 먹는 모습을 볼 수 있다면 얼마나 좋을까요.

당시 저에게는 어떤 방식으로든 긍정적인 변화가 필요했습니다. 밥을 먹는 것조차 힘든 시기인지라 우울증이 항상 저를 공격했기 때문입니다. 그래서 저는 집 근처를 산책하기로 했습니다. 저는 집 가까운 곳에 있는 산책로를 따라 걸으며 핸드폰에 저장된 찬양을 들었습니다. 찬양을 듣는 것은 저에게 굉장히 큰 도움이 되었습니다. 만약 찬양을 들으며 지내지 않았다면 감정 회복이 훨씬 더디고 힘들었을 겁니다.

하지만 산책만으로는 몸의 회복이 너무 더뎠습니다. 마치 온몸에 쇳덩어리를 달고 있는 느낌이었기 때문에 저는 다른 방법이 필요하다고 생각했습니다. 그 방법은 바로 '안마'였습니다. 어느 날 산책을 하던 중 제 머릿속에서 불현듯이 '안마를 받아야 해'라는 생각이 떠

울다

올랐습니다. 안마를 받으면 무거운 몸이 조금이나마 가벼워질 것 같았습니다. 하지만 전 한동안 망설였습니다. 왜냐하면 이제껏 저는 안마에 대해 다소 퇴폐적인 이미지를 갖고 있었기 때문입니다.

그래도 안마를 포기할 수는 없었습니다. 안마를 받고 몸이 가벼워질 수만 있다면 건전한 곳을 찾아가서 꼭 받아야겠다고 생각했습니다. 저는 다소 걱정을 안고 시내로 나갔고, 감사하게도 적합하고 좋은 곳을 찾을 수 있었습니다. 안마가 제 예상보다 아프기는 했지만, 그 후에 온몸이 편안해지는 것을 느낄 수 있었습니다. 그때 긍정적인 효과를 본 저는 이후로 두 번 더 안마를 받았습니다. 지금은 재정적으로 부담스러워서 못 가고 있지만, 그때는 저에게 필요한 치료를 잘 받았다고 생각합니다.

집으로

　　부모님과 함께 한 달간의 시간을 보낸 끝에 저는 다시 집으로 돌아왔습니다. 경기도 부천시에 있는 '우리의 집'으로 돌아가는 내내 저는 덜컥 겁이 났습니다.

　'내가 혼자 그곳에서 지낼 수 있을까?'

　역시나 그 걱정은 정확했습니다. 집 현관문을 열고 들어서자 아내와 함께한 소중한 추억이 글러브를 낀 채 저를 기다리고 있었습니다.

　현관문 왼쪽으로는 작은 거실과 하얀 소파가 자리했고, 오른쪽으로 난 작은 부엌에는 함께 식사를 했던 식탁이 놓여 있었습니다. 정면에는 화장실이 있었고 그 왼쪽으로 안방이 있었습니다. 안방에 들어가면 창문이 있는 벽 쪽으로 하얀 침대가 놓여 있었는데, 저는 그 침대를 바라보며 아내와 함께했던 시간들을 떠올렸습니다.

저는 아주 천천히 집 안을 둘러보았습니다. 함께 앉았던 소파를 만져 보기도 하고 식탁, 의자, 냉장고도 매만졌습니다. 아내가 사용했던 화장대 앞에 서보았다가, 함께 사용했던 옷장을 열고 아내의 옷들을 하나하나 꺼냈습니다. 그녀의 옷가지 속에 얼굴을 깊숙이 파묻은 채 남아 있는 그녀의 향취를 맡았습니다. 그러자 그 옷들을 입고 있던 그녀 모습이 떠오르며 저와 함께 만들어 갔던 추억들이 차례로 스쳐 지나갔습니다. 여러 번 사용해서 헤어져 버린 그녀의 가죽가방을 쓰다듬기도 하고, 그녀가 자주 신었던 운동화와 구두를 만져 보기도 했습니다. 집 안의 물건들을 천천히 모두 어루만지는 동안 작은 신혼집에는 저의 울음소리만이 잔잔하게 흘러 다니고 있었습니다.

저는 아내의 물건들을 하나하나 손으로 매만지면서 울었던 그 시간이 의미 있다고 생각합니다. 솔직히 처음에는 그 물건들과 마주하는 것이 겁났습니다. 그래서 친구들에게 모든 물건을 다 처분해 달라고 부탁할까 고민했습니다. 하지만 그럴 수는 없었습니다. 아내와의 이별을 직접 감당해야 했던 것처럼, 아내와의 추억이 담긴 물건들과의 이별도 직접 해야만 했습니다. 만약 제가 그녀의 물건들로부터 도망친다면 나중에는 그 물건들이 머릿속에서 저를 쫓아왔을 것입니다.

그렇게 집 안을 한 바퀴 다 돌아본 후, 저는 짐을 쌌습니다. 검정색 백 하나에 한동안 지낼 수 있는 옷가지들을 차곡차곡 담았습니다. 생각 같아서는 제가 입었던 모든 옷도 다 버리고 새로운 시작을 하고 싶었습니다. 하지만 새 옷을 입는 것이 새로운 시작을 의미하는 것은 아니라는 생각이 들었습니다.

아내와 함께했던 집을 떠나는 것은 슬픈 일이었지만, 그녀가 없는 집에서는 하루도 더 지낼 수 없었습니다. 저는 그 공간에 혼자만의 추억을 새기며 살아갈 자신이 없었습니다. 그래서 저는 가방 하나를 들고 집을 나와 차를 타고 마포구에 있는 교회 근처로 갔습니다. 그곳에는 몇몇 전도사님들과 목사님들이 살고 계셨습니다. 저는 신혼 집을 정리하고 교회 근처로 이사하기로 결심했습니다. 이사 시기는 결정되지 않았지만 그때까지 전도사님들과 목사님들의 집을 돌아다니며 지내기로 했습니다.

저를 맞아 주신 전도사님과 목사님 가족은 약 한 달 하고도 절반 정도의 기간 동안 쉴 수 있는 장소를 제공해 주셨습니다. 그분들은 잠자리와 먹거리 이외에도 제게 필요한 모든 부분을 챙겨 주셨습니다. 마치 가족처럼 저를 섬겨 주신 지체들의 섬김을 힘입어 저는 간신히 그 시기를 통과할 수 있었습니다.

하지만 많은 분의 섬김에도 불구하고 제 감정과 생각은 엉망이었습니다. 저를 공격하는 슬픔과 고통은 언제나 견디기 힘겨웠습니다. 그때도 저는 현실 감각을 제대로 회복하지 못한 상태였습니다. 한 달하고도 절반의 그 시기는 저에게 마치 꿈을 꾸는 것처럼 아련하고 멍한 느낌으로 남아 있습니다. 저는 현실과 비현실 사이의 애매한 위치를 거닐고 있었습니다. 그때는 그곳이 저의 자리였습니다.

다른 분들의 집에서 신세를 지는 동안 가장 힘들었던 날은, 바로 제 생일이었습니다. 아내가 세상을 떠난 날이 8월 14일이고 제 생일이 10월 23일이니 저는 두 달 정도 지나서 생일을 맞는 셈이었습니다. 그날은 제 생애 최악의 생일이었습니다. 사실 저는 생일이 다가오고 있는 것을 계산하면서 한동안 괴로워했습니다. 정말이지 생일만큼은 피하고 싶었습니다. 저는 그날이 영원히 오지 않았으면 좋겠다고 생각했고, 23일을 달력에서 아예 지워 버리고 싶은 충동을 느꼈습니다. 그녀 없이 혼자 생일을 맞이한다는 것은… 참 절망적인 일이었습니다.

생일날 아침, 목사님 가정과 몇몇 지체는 저를 위해 정성 어린 생일상을 차려 주셨습니다. 케이크 위에는 촛불이 꽂혀 있었고 맛있는 음식들이 잔뜩 있었습니다. 저는 의자에 앉아 웃으며 촛불을 껐고 감사한 마음을 전달했습니다. 물론 진심으로 감사했습니다. 그런 섬김이 없었다면 더 비참한 기분으로 하루를 보내야 했겠지요. 하지만 제 마음은 한없이 울고 있었습니다. 그래서 저는 생일을 잊기 위해 사람들을 만나며 함께 시간을 보냈습니다. 그날이 빨리 지나가기를 바라면서요.

제 슬픔을 배가시키는 한 가지는 바로 행복한 가족의 모습을 지켜보는 것이었습니다. 제가 한 달 동안 머물렀던 목사님에게는 예쁜 딸이 한 명 있습니다. 저는 행복한 아빠와 엄마와 딸이 서로를 사랑하는 모습을 보면서 비참한 감정을 느꼈습니다. 하지만 동시에 저를 섬겨 주시는 분들을 보면서 괴로워하는 것이 예의가 아닌 것 같아 죄책감도 함께 느꼈습니다. 저는… 그분들이 부러웠습니다. 저도 아내와 딸과 함께 행복하게 지내는 사람이라면 좋겠다는 생각을 참 여러 번 했습니다.

하지만 내내 괴로움만 느낀 것은 아니었습니다. 따뜻한 가족의 분위기 속에서 살다 보니 저도 그 따뜻함 속에 머물게 되었고 안정감을 느끼기도 했습니다. 저는 가끔씩 그 가족의 구성원이 되었다는 느낌마저 받았습니다.

떠돌이 생활을 했던 한 달 반 정도의 시간 동안 저는 참 많은 섬김을 받았습니다. 그 섬김 덕분에 저는 그 기간을 잘 지나올 수 있었습니다. 그때 제 마음은 절망의 밑바닥에 있었지만, 아주 조금씩 정신을 차리고 있었던 것도 사실입니다.

이사하는 날

그렇게 한 달 반의 시간이 흐른 후, 저는 이사를 하게 되었습니다. 그런데 이사는 쉽지 않은 일이었습니다. 신혼집에 있는 많은 짐들을 어떻게 해야 할지 결정해야 했기 때문입니다. 집 안에 있는 물건들을 전부 버리고 싶은 충동과 버리기 싫은 충동이 마음속에서 충돌했습니다.

모두 버리고 싶은 충동을 느낀 것은, 물건이 사라지면 제 마음에 느껴지는 고통이 줄어들 거라고 생각했기 때문입니다. 당시 저에게 주어진 가장 시급한 숙제는 저를 괴롭히는 고통을 해결하는 것이었습니다. 고통을 줄일 수만 있다면 저는 무엇이든 할 준비가 되어 있었습니다. 한편 버리기 싫은 충동을 느낀 것은, 아내에 대한 미안한 마음 때문이었습니다. 물론 그녀는 천국에 있고 모든 것을 이해해 줄 수 있었지만요.

고민 끝에 저는 극단적인 방법이 아닌 중도의 방법을 선택했습니다. 우선 침대는 장모님 댁으로 옮겼습니다. 저를 가장 힘들게 하는 물건이 바로 침대였기 때문입니다. 함께 누워서 이야기를 나누고 친밀감을 누렸던 침대는 다시 사용하기에는 너무 힘든 물건이 되어 버렸습니다. 아내가 좋아했던 그 침대는 이제 그녀가 오래도록 머물렀던 처녀 시절의 방에 놓여 있습니다. 그 집을 방문할 때마다 저는 그 침대를 바라보면서 아내 생각에 잠깁니다. 지금은 그 위에 딸아이를 눕혀 놓고 함께 얼굴을 마주보고 웃기도 합니다.

침대를 제외한 대부분의 가구들은 모두 가져가기로 했습니다. 처음에는 그 가구들을 사용하는 것이 너무 힘들었지만, 지금은 대부분의 물건이 익숙해져 버렸습니다. 장롱을 바라보아도 이제는 슬프지 않습니다. 물론 장롱을 열어도 슬프지 않다는 이야기는 아닙니다. 장롱의 깊숙한 곳에는 아직도 차마 꺼내지 못한 아내의 소지품 몇 가지가 있습니다. 함께 찍은 웨딩 사진, 아내가 손수 쓴 성경 노트, 아내의 지갑, 그녀의 사랑스러운 모습이 담긴 사진들….

저는 아내의 물건 중 몇 가지를 장롱의 세 번째 장 가장 위 칸에 숨겨 놓았습니다. 아직은 제가 준비되지 않았기 때문입니다. 물건들이 들어 있는 그 선반은 아내의 기억을 숨겨 둔 저의 비밀 창고가 되어 버렸습니다. 언젠가 제 마음이 한층 더 치유가 되면, 저는 그 물건들

울다

을 꺼내서 눈에 보이는 곳에 둘지도 모르겠습니다.

아내의 옷들은 대부분 재가 되어 날아가 버렸습니다. 처음에는 모든 옷을 대신 정리해 주시겠다는 말을 들었지만, 저는 제 손으로 직접 정리하고 싶었습니다. 저는 교회 지체들의 도움을 받아 예쁜 박스 10개에 아내의 옷을 손수 정리했습니다. 그 박스들은 전부 장모님의 집으로 옮겨졌고, 아이에게 보여 줄 몇 벌의 옷을 제외한 나머지 옷들은 모두 태웠습니다.

그런데 애매한 물건이 하나 남아 있습니다. 그건 바로 'Kingdom Kids'라는 글씨가 새겨진 녹색 반팔 티입니다. 사흘간의 장례식이 끝나고 식장에서 빌렸던 옷들을 반납할 때, 저는 한 가지 사실을 깨닫게 되었습니다. 그건 제가 입고 있던 하얀색 셔츠 안에 녹색 반팔 티를 겹쳐 입고 있었다는 사실입니다. 생각해 보면 그 티를 입고 있었기에 사흘 내내 무척이나 더웠던 것 같습니다. 하지만 땀을 많이 흘리면서도 저는 안에 겹쳐 입고 있는 티에 대해 생각할 여유가 없었습니다.

아내가 떠나기 한 달 반 전쯤, 우리는 그 티를 입고 마포구에 있는 월드컵공원에 갔습니다. 그날은 제가 가르치는 유초등부가 여름 성경학교를 하는 날이었습니다. 그 녹색 티는 그해 성경학교의 단체 티였습니다. 아이들은 같은 종류의 티를 입은 채 놀이터로 뛰어 들어가 신나게 놀고 있었고, 저는 만삭의 아내 손을 잡고 공원 주위를 천천히 걸어 다녔습니다. 기분 좋은 바람이 우리의 몸을 스쳐 지나갔고, 붉은 노을은 하늘의 한쪽 면을 아름답게 장식해 주고 있었습니다. 아내는 곧 태어날 아기에 대한 기대감에 부풀어 있었으며, 저는 아내가 건강하게 회복되는 꿈을 꾸고 있었습니다. 그날은 오랜만에 저희 부부에게 주어진 여유롭고 행복한 날이었습니다.

그런데 하필이면 제가 그 티를 입고 있을 때 아내가 하늘나라에 갔다는 소식을 듣고 말았습니다. 저는 그 티를 입은 채 사흘 동안 장례를 치렀습니다. 그래서 그 녹색 티는 숨을 쉬지 않은 채 누워 있는 창백한 아내의 모습은 물론이요, 함께 손을 잡고 공원을 걸었던 행복한 추억을 떠올리게 하는 상징물이 되었습니다.

그래서 저는 그 티를 입을 수가 없습니다. 그리고 한동안은 그 티를 버리고 싶은 충동 속에서 살았습니다. 불에 태워 버리는 상상을 하거나 가위로 잘라 버리는 상상을 하면서요. 하지만 차마 그럴 수는 없었습니다. 왜냐하면 티를 없애는 것은 단지 고통을 해결하고 싶은 제 욕구의 표현이라는 것을 알았고, 그녀와의 추억을 외면하는 행위라는 생각에 불편함이 느껴졌기 때문입니다.

며칠 전에 우연히 그 티를 다시 보게 되었는데, 갑자기 마음속에서 분노가 올라오는 것이 느껴졌습니다. 어이없게 제 인생이 망가진 것에 대한 분노가 티를 보는 즉시 솟구쳤던 것입니다.

'왜 내가 이런 고통을 당해야 하는 걸까?'

저는 15분 정도 그 분노를 삭이며 고민해야 했습니다.

'티를 태워 버릴까? 가위로 잘라 버릴까?'

··· 하지만 결국 아무것도 하지 않기로 결정했습니다. 그 티는 지금도 제 옷장에 걸려 있습니다.

살다 보면 이럴 수도 없고 저럴 수도 없는 일들이 인생에서 숱하게 일어나는 것 같습니다. 저의 녹색 반팔 티를 버릴 수도 가지고 있을 수도 없는 것처럼 말이죠. 하지만 그런 일이 벌어질 때마다 모든 것을 없애야 한다면, 아마 인생 전체를 불태워야 할지도 모른다는 생각이 듭니다. 좋은 추억만 남기고 싶은 욕심이 저에게도 있지만, 저는 그것이 불가능하다는 것을 잘 알고 있습니다.

슬픔도 때로는 품에 안고 있어야 한다는 것을 이제야 배우고 있습니다. 언젠가 시간이 지나면 저는 다시 그 티를 꺼내 입고 올림픽 공원에 가서 산책을 할지도 모릅니다. 물론 그때까지 그 티가 무사하다면요.

고통의 문제

아내를 떠나보내는 것은 마치 몸을 반으로 찢는 것과 비슷한 경험이었습니다.

아내를 향한 사랑과 애정이 제 마음과 삶을 가득 채우고 있었는데, 이제 그 자리에는 고통, 외로움, 슬픔, 그리움 등이 대신 자리를 차지하고 있었습니다. 삶의 모든 것을 아내와 공유하며 살아왔는데, 이제는 모든 것을 혼자 해나가야만 했습니다. 쉬운 문제를 결정하는 것도 갑자기 막막하게 느껴졌습니다. 저는 항상 아내와 상의하고 결정하는 것에 익숙했기 때문입니다.

하지만 가장 큰 문제는 바로 고통의 문제였습니다. 말로 표현할 수 없는 고통과 슬픔이 24시간 지속되는 건 제가 이제껏 한 번도 경

울다

험해 본 적이 없는 일이었습니다. 스스로가 제어할 수 없는 고통에 휩쓸린다는 것은 참 힘겨운 일입니다. 종종 저를 압도하는 거대한 슬픔이 느껴질 때면, 저는 솔직히 겁이 났고 차라리 죽는 게 낫다는 생각에 사로잡혔습니다.

운전을 할 때 슬픔의 파도가 밀려오면 저는 차 안에서 비명을 질렀습니다. 크게 고함을 지르고 기도를 하고 주먹으로 이곳저곳을 후려치기도 했습니다. 그런 행동들을 한다고 해서 물론 고통이 해결되지는 않았습니다. 하지만 이런 행동들은 적어도 고통을 견디는 데 약간의 도움이 되었습니다.

슬픔과 싸우는 또 다른 방법은 바로 정신없이 먹는 것이었습니다. 저는 평소에 좋아하는 달콤한 간식들을 잔뜩 산 다음, 배가 불러서 아플 때까지 입에 음식들을 우겨 넣었습니다. 초콜릿과 과자 그리고 원하는 음식들을 계속 먹다 보면 배 윗부분에서 바늘로 찌르는 것 같은 통증이 느껴집니다. 그 느낌이 들 때까지 쉬지 않고 먹다 보면 기분이 점차 가라앉고 진정이 되었습니다.

한편 어릴 때 좋아했던 컴퓨터 게임을 시도해 보았습니다. 게임을 하면, 혹시 마음속에 있는 괴로움을 잊을 수도 있을 것 같다고 생각했기 때문입니다. 하지만 제 생각이 틀렸다는 것이 곧 증명되었습니다. 게임이 더 이상 재밌지 않았습니다. 저는 컴퓨터 화면 앞에서 아무런 위로를 느낄 수 없었습니다. 청소년 시절에 느꼈던 흥분과 재미가 더 이상 느껴지지 않았습니다.

텔레비전도 소용없었고 술은 마실 줄을 몰랐습니다. 머릿속에서는 술을 마음껏 마시고 취해서 잠이 드는 상상을 했지만, 맛없는 술을 계속 들이켜는 것도 고역이라는 생각이 들었습니다.

그래서 저는 책을 읽기 시작했습니다. 깨어 있는 대부분의 시간 동안 책을 읽고 성경을 읽었습니다. 저는 궁금했습니다. 혹시 책을 읽으면 아내가 떠난 이유를 발견할 수 있지 않을까? 도대체 왜 아내를 데려가셨는지 속 시원한 대답을 얻게 되지 않을까? 만약 내가 그 이유에 대해 발견할 수 있다면 극심한 고통과 슬픔이 조금은 줄어들지 않을까?

하지만 수십 권의 책을 읽어도 만족할 만한 대목을 발견하지 못했습니다. 성경 속에서도 저는 납득할 만한 설명을 발견하지 못했습니다. 자녀를 모두 잃은 욥이라는 사람도 결국은 왜 그런 사건이 일어났는지 하나님께 속 시원한 설명을 듣지는 못했습니다. 오히려 하나님은 욥에게 이해할 수 없는 말들을 늘어놓으셨습니다. 그리고 욥은 하나님을 만난 후에 자신의 태도를 바꾸어 버렸습니다.

결국 저는 저에게 필요한 것이 설명이 아니라는 것을 깨달았습니다. 저는 욥의 경우처럼 하나님을 만나야만 해결되는 문제를 안고 있었습니다.

그럼에도 불구하고…. 저는 아직도 그 이유가 궁금합니다. 왜 아내가 떠나야만 했는지…. 왜 아기가 자신의 엄마를 잃어버려야 했는지, 왜 제가 홀아비가 되어야 했는지. 아마… 죽을 때까지 그 이유에 대해 깨닫지 못할 것 같습니다. 물론 시간이 흐르면 부분적으로는 이해할 수 있겠지요. 하지만 완전한 이유는 천국에 가서야 알게 될 것입니다.

이제 저는 중요한 결정을 해야만 했습니다.

아내의 죽음에 대한 만족스러운 설명은 이 세상 어디에도 없었습니다. 하지만 저는 슬픔과 고통을 극복하기 위해 무언가를 해야만 했습니다. 만약 제가 모든 것을 포기하고 되는 대로 살아가는 삶을 선택한다면 저는 영화 속에 종종 등장하는 페인 같은 삶을 살 것입니다. 하지만 이해가 되지 않을지라도 하나님을 붙드는 삶을 선택한다면 저는 처음 가보는 길을 걸어가야 하겠지요.

저는 삶을 포기하고 싶은 충동 가운데 수도 없이 고민했습니다.

'그냥 포기할까?'

'포기하면 편해지지 않을까?'

'다시 일어서서 예수님을 찾을까?'

'그럼 무슨 변화가 있을까?'

여러 과정을 지난 끝에 결국 저는 제 인생을 예수님께 맡겨 보기로 결정했습니다. 왜냐하면 삶을 포기하고 페인이 된다고 해서 저에게 느껴지는 고통이 사라지는 것은 아니며, 그것은 고통과 맞서 싸우는 치열한 삶을 피해 도망가는 비겁한 행동이라고 생각했기 때문입니다.

그리고 만약 예수님께서 저를 도와주신다면, (비록 저는 더 이상 살고 싶은 마음이 없지만) 미래에 대한 소망이 기적처럼 생길 수도 있고, 만약 미래에 대한 소망이 생긴다면, 그럴 수만 있다면… 저는 그 소망을 바라보며 다시 새로운 인생을 시작할 수 있을 것 같았기 때문입니다.

저는 예수님께 기도했습니다. 이미 주님 말고는 누구도 저를 도와줄 수 없었습니다. 예수님이 도와주시든지 제 삶이 끝장나든지 둘 중 하나라고 생각했습니다.

> 하나님, 저에게 아내를 데려가신 이유를 설명해 주지
> 않으셨습니다. 하나님, 저에게 있는 고통을 줄여 주시지도
> 않으셨습니다. 하지만 하나님…. 비록, 천국에 가기 전까지
> 이 고통이 무엇을 의미하는지 알지 못한다 할지라도 저는
> 이 고통 가운데 주저앉지 않기로 결정합니다. 제가 만약 이 고통
> 속에서 주저앉아 믿음을 포기해 버린다면, 그것은 항상 저를
> 믿고 존경해 준 아내에 대한 배신일 것입니다. 저는 저를
> 바라보고 있을 아내에게 믿음의 삶을 보여 줄 것입니다.
> 하나님, 저는 하나님을 사랑하는 삶을 살고 싶습니다. 지금까지
> 하나님을 사랑하는 것보다 아내의 생명을 구하는 것이 더
> 중요했습니다. 아내를 구하기 위해서라면 저는 무엇이든 다할
> 수 있었습니다. 하지만 이제 아내를 구하기 위한 저의 싸움이
> 끝나 버렸습니다. 지금은 비록 저 자신이 실패한 인생을 살고

있다는 패배감 속에 휩싸여 있지만…. 이제는 아내보다 하나님을
더 사랑하는 방법을 배워 보고 싶습니다. 하나님…. 제 삶을
세밀하게 돌보아 주시고 안아 주지 않으시겠습니까? 지치고
힘든 제 삶을 도와주는 좋은 아버지가 되어 주시겠습니까?
주님…. 당신과 따뜻한 사랑의 관계 안에서 살아갈 수 있도록,
불쌍한 제 삶을 아끼고 사랑해 주시지 않으시겠습니까? 제가
주님께 가까이 다가갑니다. 제가 당신의 말씀을 품에 안고
사랑할 것입니다. 당신의 순결한 말씀으로 저를 위로해
주십시오. 당신의 말씀으로 저를 인도해 주십시오. 주님….
저는 주님의 것입니다.

3

바라봅니다

바라봅니다

한계를 수용한다는 것은
인생의 주인이 내가 아니라
하나님인 것을 인정하는 것이며,
그것을 통해
하나님이 우리의 인생을 다스리시는
통치권자라는 것을 인정하는 것입니다.
우리는 우리의 한계들을
예수님께 맡겨드리고
예수님께서는 그 한계 안에서
(때로는 그 한계를 뛰어넘으셔서)
그분의 뜻을 놀랍게 이루어 가십니다.

저는 이제야
제 삶의 한계들을 인정하고
받아들이는 것을 배우고 있습니다.
저는 아주 조금씩
예수님께 저의 한계들을
내어드리는 훈련을 하고 있습니다.
주님께서 저를 불쌍히 여기셔서
저를 도와주신다면,
저는 그분과 함께 살다가
그분이 정해 주신 시간에
아버지의 집으로
돌아가고 싶습니다.

믿음 있는 사람

　　회복을 간절히 소망하게 된 이후부터, 저에게는 무모한 집착 한 가지가 생겼습니다. 빠르게 회복되는 저의 모습을 사람들에게 보여 주고 싶은 욕심이었습니다. 저는 평생 예수님을 믿어 왔고, 교회에서는 아이들을 가르치는 전도사로 사역하고 있었습니다. 저는 하루 속히 회복하여 사람들에게 제 믿음을 자랑하고 싶었습니다. 만약 제가 빨리 회복한다면 많은 사람들이 저의 믿음을 칭찬해 줄 거라고 생각했습니다.

　　그래서 저는 사역 현장으로 복귀했습니다. 주일 예배를 인도했고, 아이들에게 설교도 했습니다. 심지어는 교회에서 떠나는 단기선교에도 참여했습니다. 이런 활동을 하는 가운데 물론 많은 회복이 있었습니다. 하지만 저는 이 시간을 보내면서 저 자신이 매우 교만한 사람이라는 것을 알게 되었습니다. 저는 믿음이 좋은 사람이 아니었습니다. 저는 마음이 무너진 사람이었고, 오랜 시간을 거쳐 천천히 치유되어야 하는 존재였습니다.

필리핀의 한 집회에서 저는 200명 정도의 현지 신학생들 앞에서 30분 정도 메시지를 전할 기회가 있었습니다. 저는 그분들에게 아내 이야기를 했고, 아무리 슬퍼도 끝까지 예수님을 사랑하겠다고 큰소리를 쳤습니다. 하지만 저는 제가 말한 대로 살지 못했습니다. 선교를 마치고 다시 한국으로 돌아오자, 다시 제 마음이 약해지는 것을 느꼈습니다. 저는 예전처럼 우울증과 고통을 호소했고, 대인 기피증을 겪었고, 삶이 무너져 내렸습니다. 믿음 좋은 사람을 흉내 내고 싶었던 저의 마음은 산산조각 났습니다. 저는 더 이상 훌륭한 신앙인으로 연기할 수 없었습니다.

저를 괴롭히는 강박적인 생각이 한 가지 더 있었습니다. 그것은 예수님을 믿는 사람이라면 어떤 고난 앞에서도 믿음으로 넉넉하게 극복하는 것이 당연하다는 생각이었습니다. 그래서 저는 지금까지 고난 앞에서 무너지는 사람들을 믿음 없는 사람이라 생각하고 판단해 왔습니다. 하지만 이제 저는 고난을 거뜬히 이겨 내지 못하는 저자신을 책망하기 시작했습니다. 제가 비판했던 비판으로 저 자신이 비판을 받게 된 것입니다.

'평생 교회를 다녀도 다 헛수고구나. 나는 믿음이 있다고 말한 자

신했지만 다 가짜 믿음이었구나. 눈물을 흘리며 찬양을 했지만 다 감정의 잔치에 불과했구나.'

이런 생각들이 치받쳐 올라올 때면 저 자신이 믿음에 실패한 사람으로 여겨졌습니다. 제 믿음이 진짜가 아니기에 고난을 이기지 못하는 것으로 생각됐기 때문입니다. 하지만 저는 제가 예수님을 사랑한다는 것을 마음속 깊은 곳에서 느낄 수 있었습니다. 저는 예수님을 부인할 수 없었고 그분을 찬양하는 것이 좋았습니다. 제가 인정해야 하는 것은 제 믿음이 가짜였다는 것이 아니라, 단지 약하고 어린 믿음이었다는 사실이었습니다.

저는 제 믿음이 너무 어려서 고난을 이기는 것이 힘겨웠다고 생각합니다. 고난이라는 홍수에 제 믿음의 집이 완전히 무너져 내렸습니다. 제 믿음의 집이 무너져 내린 것은 너무 힘든 일이지만, 완전히 무너져 내린 덕분에 저는 제가 그동안 모래 위에 집을 지었다는 사실을 알게 되었습니다.

그래서 저는 이제부터 반석 위에 집을 짓기로 결정했습니다.

이런 결심을 하고 나니 무척이나 교만했던 저의 과거가 떠올랐습니다. 모태신앙인이라는 이유로, 항상 열심히 교회생활을 했다는 이유로, 선교단체 활동을 했다는 이유로, 신학을 7년 동안 공부했다는 이유로, 10년 넘게 꾸준히 묵상을 했다는 이유로, 전도사라는 이유로, 저는 제가 어느 정도의 믿음 수준에 도달한 사람이라고 생각해 왔던 것입니다.

하지만 고난 앞에서 완전히 무너진 저는 제 믿음이 보잘것없다는 사실을 알게 되었습니다. 이런 깨달음과 함께 저는 일 년이라는 시간을 그리스도께 바치기로 결정했습니다.

저는 더 이상 믿음 있는 척하며 살아갈 수 없었습니다. 아이들에게 순종하라고 큰소리치면서 정작 저 자신은 순종하지 못하는 사역자가 될 수는 없었습니다. 저는 말씀을 새로 배워야만 했습니다. 저는 예수님을 의지하는 방법을 처음부터 다시 배우기로 결심했습니다. 그래서 저는 모든 것을 내려놓기로 했습니다. 저는 사역을 내려놓고 하루 24시간을 예수님을 알아 가는 데 사용하기로 결정했습니다.

이전에는 사역자라는 자부심을 갖고 살았지만, 이제 저는 아무것도 아닌 사람이 되었습니다. 저는 그저 백수이자 홀아비일뿐이었습니다. 하지만 만약 제가 이 시간을 통해 그리스도를 얻을 수 있다면, 지금 제가 가지고 있는 모든 것이 사라진다 해도 상관없었습니다.

사실 아내를 떠나보낸 순간부터 모든 것에 대한 관심이 사라졌습니다. 그때부터 저는 저 자신을 인생의 실패자로 규정했습니다. 그래서 이제는…. 실패한 제 인생을 회복할 수 있는 방법은 예수님을 알아 가는 길 이외에 전혀 없다고 생각했습니다.

털어 낼 수 있다면

목회학을 공부했던 3년간 저는 학교에 있는 기독교 상
담센터에서 종종 상담을 받은 바가 있었습니다. 이전부터 상담에 대
한 관심이 컸던 저에게 선생님을 만나는 시간은 많은 것을 배울 수
있는 기회가 되었습니다. 그래서 저는 아내를 떠나보낸 후 자연스럽
게 상담을 받아야겠다고 생각했습니다.

저와 함께 공부했던 사모님 한 분께 부탁한 결과, 상담 선생님 한
분과 연결되었습니다. 선생님은 무척 부드럽고 사려 깊은 태도로 제
이야기를 들어주셨습니다. 저는 일주일에 한 번씩 양재동에 있는 상
담센터를 방문했고, 비밀이 보장되는 작은 방 안에서 그동안 누구에
게도 말할 수 없었던 고민들을 털어놓기 시작했습니다.

제 마음을 고통스럽게 짓누르는 문제들이 워낙 많았기 때문에, 선생님께 문제를 다 꺼내 놓는 데만 몇 개월이 걸렸습니다. 문제를 다 말했다고 생각하면 또 다른 문제가 나오고, 슬픔을 다 표현했다고 생각하면 또 다른 슬픔이 터져 나왔습니다.

상담을 받는 것은 마음을 수술하는 것과 비슷했습니다. 사실 저는 아직도 상담 선생님을 만나서 고민들을 나눕니다. 물론 선생님 대신 친구들이나 교회 지체들에게 문제를 나눌 수도 있었습니다. 하지만 몇 가지 불편한 사실 때문에 저는 그것을 포기했습니다.

저에게는 마음의 모든 고민을 시원하게 털어놓을 수 있는 대상이 필요했습니다. 하지만 제 주변 사람들에게 고민들을 털어놓는 것은 무척 어려운 일이었습니다. 우선, 대부분의 사람들이 저를 굉장히 조심스럽게 대했습니다. 제게는 그것이 혹시 저에게 실수할까 봐 걱정하는 것처럼 보였습니다. 저는 그런 모습들이 불편했습니다.

또한 어떤 분들은 저를 도와야 한다는 생각을 가지고 그리 도움이 안 되는 말들을 해주시기도 했습니다. 마치 지루하고 틀에 박힌 설교 같은 말들을 들을 때면 저는 귀를 막고 싶은 충동을 느꼈습니다. 물론 저를 위하는 마음이라는 것을 알았기에 심적으로는 감사했습니다. 하지만 도움이 되지 않고 도리어 괴로움을 더하는 설교를 듣게 되는 상황은 애초에 만나고 싶지 않았습니다.

몇몇 분들은 자신이 겪었던 고난에 대해서 말해 주시기도 했습니다. 이 또한 이해도 되고 감사했지만 도움이 되지는 않았습니다. 저에게는 공감과 깊은 이해가 필요할 뿐인데, 종류가 다른 고통 이야기를 듣는다고 해서 제가 이해와 공감을 받고 있다는 느낌이 들지는 않았기 때문입니다.

저는 앞으로 계속 만날 분들께 많은 이야기를 쏟아 내고 싶지 않았습니다. 저는 끊임없이 부정적이고 끔찍한 생각들과 싸우고 있었기 때문에, 제 속마음을 털어놓는 것이 마치 더러운 쓰레기를 끄집어내어 펼쳐놓는 것과 다름없는 일로 여겨졌습니다. 그래서 만약 주변 분들이 이런 쓰레기 같은 제 마음을 보고 들으며 저에 대해 부정적으로 생각하게 된다면, 저는 그분들로부터 미움을 받게 될 것이라는 걱정을 했습니다.

저는 상당히 오랜 시간 동안 저만을 위해서 지속적이고 집중적인 시간을 내어 줄 누군가를 필요로 했습니다. 그 누군가가 바로 상담 선생님이라고 생각했습니다. 더구나 그분은 사별한 사람들을 위해 어떤 말을 해주어야 하는지 훈련을 받으셨기에 효과적으로 저를 도와줄 수 있을 거라 예상했습니다.

물론 저는 상담사를 통해서 저를 치료해 주시는 분이 하나님이라고 생각합니다. 엄마를 통해 아기를 돌보아 주는 분이 하나님이시고, 목사님을 통해 성도들을 먹이는 분이 하나님이신 것처럼 말이지요. 개인적으로 상담사의 최종 목표는 최고의 상담자이신 예수님께 자신의 내담자를 인도하는 것이라고 저는 생각합니다. 만약 제가 예수님을 깊이 사랑하는 사람이고, 그분께 제 삶의 모든 고난을 나눌 수 있는 사람이었다면 저는 상담 선생님을 찾아가지 않았을지도 모릅니다. 하지만 저는 예수님과 깊은 친밀감을 누리지 못하는 상태였기에, 누군가의 도움이 절실한 사람이었습니다.

처음으로 상담 선생님을 만났던 시간이 떠오릅니다. 작은 방, 작은 소파, 움츠러든 어깨, 그치지 않는 눈물…. 그분을 만날 때면 왜 그리 눈물이 나던지….

선생님과 저는 예수님의 도우심을 구하며 함께 대화했습니다. 때때로 저는 선생님이 저의 비밀들을 누설할지도 모른다는 의심에 시달렸지만, 시간이 지날수록 믿을 만한 분이라는 느낌을 받았고, 조금씩 더 그분을 신뢰할 수 있었습니다.

선생님에 대한 신뢰가 깊어 가는 만큼, 저는 더 용기 내어 제 속마음을 이야기할 수 있었습니다. 내면의 아픔을 나누는 것은 결코 쉬운 일이 아니었지만, 저는 포기하지 않았고 선생님도 포기하지 않았습니다. 덕분에 우리는 주님 안에서 조금씩 친구가 되어 갔습니다.

처음 상담을 시작할 때 저의 목표는 고통을 줄이는 것이었습니다. 그때는 슬픔이라는 감정을 줄어들게 하는 것이 유일한 목표였습니다. 그래서 초반에는 기대했던 것만큼 급속한 치유가 일어나지 않아 답답하기만 했습니다.

'한 달이 지나도, 두 달이 지나도 계속 눈물만 흘리는 대화를 도대체 언제까지 계속해야 하는 걸까…?'

저는 조급함을 느꼈습니다.

하지만 조급해한다고 해서 단번에 해결할 수 있는 것은 아니었습니다. 저는 하나님께서 정직한 사람에게 복을 주시겠다고 약속하신 말씀을 기억했습니다. 그래서 저는 포기하지 않고 정직하게 제 마음을 털어놓았고, 언제부터인가 저의 슬픔은 아주 조금씩 해소가 되었습니다.

용기 내어 마음속에 있는 슬픔을 나누는 것만으로도 고통은 조금씩 줄어들었습니다. 슬픔은 나눌수록 줄어든다는 말이 제 삶에서도 성취되는 시간이었습니다. 저에게는 이것 자체가 기적이었습니다. 고통, 슬픔, 죄, 의심, 분노, 욕구, 욕심, 두려움, 공포와 같은 감정의 보따리들이 조금씩 풀어지기 시작했고, 우리의 대화를 도와주시는 예수님께서 제 마음을 조금씩 치료해 주셨습니다.

포기하지 않기

상담을 하면서 더욱 확실해진 것은, 저에게 취미 생활이 필요하다는 것이었습니다. 당시 저는 성경책과 신앙서적을 읽는 일에 빠져 있었습니다. 그러던 어느 날 제럴드 싯처가 쓴 《하나님 앞에서 울다》라는 책을 읽게 되었습니다. 그분은 교통사고로 아내와 아이들을 잃은 분이었습니다. 저는 그 책에서 취미 생활이 고통을 극복하는 데 큰 도움이 된다는 것을 배웠습니다. 그리고 취미 생활이 도움이 된다는 것을 상담시간을 통해 한 번 더 확인받게 되었습니다.

그래서 저는 무슨 취미를 가질 것인가에 대해 고민했습니다.

처음 제가 시도한 것은 500피스짜리 퍼즐을 맞추는 것이었습니다. 큰 대형마트에서 구입한 이 퍼즐은 어느 유명한 작가가 그린 명

화였습니다. 저는 방바닥에 퍼즐 500피스를 뿌려 놓고 하나씩 자리를 찾아 맞추기 시작했습니다. 결국 이틀에 걸쳐 퍼즐이 완성되었습니다. 그때 저는 생각했습니다.

'아…. 이건 아니구나.'

퍼즐은 저에게 맞지 않는 취미였습니다. 전 두통을 앓아 가면서 퍼즐 맞추기를 계속할 생각은 없었습니다.

한편 저는 매일 밤 산책을 하기 시작했습니다. 특별한 것은 없었습니다. 그냥 동네를 한두 바퀴 도는 것이 전부였으니까요. 그런데 이 시도는 제게 도움이 되었습니다. 걷다 보면 끊임없이 이어지는 부정적인 생각의 고리들이 끊어질 때가 있었기 때문입니다. 저는 지금도 기회가 생기면 되도록 30~40분씩 걷고는 합니다.

제가 시도한 다른 취미는 바로 그림을 그리는 일이었습니다. 저는 마트에서 스케치북과 연필 그리고 초보자용 그림책을 구입했습니다. 이번 취미는 조금 더 오래 지속됐습니다. 하지만 두 달쯤 그림을 그린 후에 제가 얻은 결론은 퍼즐과 동일했습니다. 이것도 저에게는 적합한 취미가 아니었습니다. 저는 머리를 쥐어뜯으면서 안 되는 그림을 그리고 싶지는 않았습니다.

저는 다른 시도를 했습니다. 그건 바로 일렉기타 연주였습니다. 인터넷으로 저렴하게 구입한 기타를 끌어안고 기타 교본을 편 채 저는 연습을 시작했습니다. 하지만 이건 최악이었습니다. 한 시간 만에 저는 포기하고 말았습니다. 그나마 다행인 것은 저녁 늦게 혼자 예배를 드릴 때 일렉기타가 유용하게 사용되었다는 것입니다. 지금도 제 방에 있는 일렉기타는 거의 날마다 저와 함께 찬양을 드리고 있습니다.

이렇게 몇 번의 실패를 겪어 가면서도 저는 포기하지 않았습니다. 이번에는 피아노를 사기로 했습니다. 어렸을 때 억지로 다녔던 피아노 학원의 기억을 되살린 저는, 교회 동생의 추천을 받아 저렴한 가격으로 전자 피아노를 구입했습니다. 정말 다행인 것은 피아노가 저에게 잘 맞는 취미였다는 사실입니다. 저는 바이엘 상권 교재부터 구입해서 차근히 연습을 했습니다.

피아노와 함께 저를 도와주었던 취미는 바로 음악 감상입니다. 대부분은 찬양을 들으며 따라 부르는 것이었지만, 가끔 클래식이나 가사가 마음에 드는 가요를 듣기도 했습니다.

지금도 저는 이따금씩 피아노를 칩니다. 물론 잘 치지는 못합니다. 아주 쉬운 곡을 겨우 더듬거리며 칠 수 있을 뿐입니다. 하지만 실력과는 상관없이 피아노가 저의 감정 승화에 큰 도움을 주고 있습니다. 우울할 때 피아노를 연주함으로써 감정이 회복된 적이 종종 있었습니다. 그래서 우울하거나 외로움이 엄습할 때면 피아노를 치려고 노력합니다. 언젠가는 이것도 지겨워져서 그만둘 수도 있겠지만 그때까지는 즐거운 마음으로 해보려 합니다.

무엇보다 저에게 큰 도움을 주었던 것은 바로 '사람들과 함께하는 것'이었습니다. 우울증을 겪는 동안 저는 스스로 폐쇄적인 사람이 되기를 자처했습니다. 누구도 만나지 않고 오직 혼자만 있으려 하는 그 충동은 굉장히 강력했습니다. 하지만 저는 다른 지체들과 함께 있기로 결정했습니다. 만약 제가 모든 사람과 관계를 끊고 혼자만 있기로 마음먹었다면, 저는 아직도 방구석에 혼자 처박혀서 정신 질환을 앓는 지름길을 걷고 있었을 겁니다.

텅 빈 집에 혼자 있지 않기 위해 저는 평소에 친하게 지내던 교회 동생 두 명을 저희 집으로 초대했습니다. 어떤 방법으로든 혼자 머무는 환경을 피해야 했기 때문입니다. 감사하게도 두 친구는 저와 함께 살아 주었고, 지금도 그 친구들과 함께 살고 있습니다.

우리는 함께 밥을 먹고 함께 이야기를 나눕니다. 우울감에 아무도 만나고 싶지 않은 순간에도, 그 친구들은 같이 살고 있기 때문에 어쩔 수 없이 만나야만 합니다.

저는 요즘 예수님이 "서로 사랑하라"고 하신 말씀이 무슨 뜻인지 조금씩 알아 가고 있습니다. 그 말씀은 여러 가지로 해석될 수 있겠지만, 함께 삶을 공유하는 것이 서로를 사랑하는 기초가 된다고 저는 생각합니다. 물론 저희에게도 연약한 부분들이 많지만 적어도 서로에게 귀 기울이려는 노력을 하는 중입니다. 이 친구들이 곁에 있어 주는 것만으로도 제게는 큰 도움이 됩니다.

제 곁을 지켜 준 고마운 사람이 한 명 더 있습니다. 그 사람은 바로 저의 형입니다. 형은 어렸을 때부터 해외 생활을 해왔습니다. 하지만 형이 건강상의 이유로 잠시 한국에 머물게 되어, 우리 형제는

18년 만에 함께 시간을 보내게 되었습니다.

저는 처음 형을 만나러 공항에 갈 때 조금 걱정했습니다. 너무 오랜 시간 떨어져 있었기에 서로에게서 어색한 감정을 느낄지도 모른다고 생각했기 때문입니다. 하지만 다행히도 어색하지 않았습니다. 이제 형과 저는 서로에게 깊은 정을 느끼며 편안한 대화를 주고받습니다.

사실 공항 게이트에서 형을 만나는 순간 제가 주체할 수 없는 눈물을 쏟을까 봐 걱정했었습니다. 저는 첫 만남에서 울고 싶지 않았습니다. 저는 밝은 모습을 보여 주고 싶었습니다. 저는 이미 우는 것에 지쳐 있었고, 사람들의 동정 어린 시선을 느끼고 싶지 않았습니다. 하지만 공항에서만 울지 않았을 뿐, 집에서는 자주 울게 되더군요.

함께 사는 사람들이 있다는 건 '같이 밥을 먹을 사람'이 있다는 것입니다. 저는 혼자 밥 먹는 것을 싫어합니다. 혼자 밥을 먹으면 저 자신이 참 처량하고 부끄럽게 느껴지기 때문입니다. 그래서 함께 밥을 먹고 대화하는 동생들과 형은 저의 회복에 굉장히 큰 도움이 되었습니다.

변해 갑니다

　　우리는 모두 감정과 사고를 가지고 있습니다. 그리고 이 감정과 사고는 시간의 흐름 안에서 우리의 인생을 인도하는 역할을 합니다. 감정은 시간에 얽혀 있기에, 시간이 흘러감에 따라 점점 약해지고 줄어드는 특성이 있습니다. 아무리 거대한 산도 거리가 멀어질수록 점점 작게 보이는 것과 같은 이치입니다.

　　그러한 까닭에 저 역시 시간이 흐를수록 아내에 대한 생각을 점점 적게 합니다. 아내에 대한 생각이 줄어들수록 저는 그녀에게 일종의 죄의식을 느낍니다. 내가 그녀를 삶의 경계 밖으로 밀어내는 것 같은 생각이 들기 때문입니다. 하지만 아내 없이 혼자 살아가면서 새롭게 쌓여 가는 기억들이 점점 제 마음 공간을 차지하는 것은 굉장히 자연스러운 일입니다.

이처럼 시간에 얽혀 있는 감정은 시간이 흘러감에 따라 조금씩 안정되어 가고, 새로운 경험들을 통해 긍정적 감정을 받아들이게 됩니다. 하지만 감정이 조금씩 안정된다고 해서 그 감정이 아주 사라져 버리는 것은 아닙니다. 충격적 사건으로 인해 생겨난 감정들은 한동안 의식의 영역에서 활동합니다. 그리고 그 의식의 영역에 영향력을 미치던 감정들은 시간이 지나면 지날수록 점점 무의식의 공간으로 이동하게 됩니다.

고난을 통해 형성된 부정적 감정들은 이처럼 시간의 흐름에 따라 의식의 영역에서 무의식의 영역으로 이동합니다. 의식의 영역에서 이 감정들이 활동할 때 이 감정들을 항상 느끼며 살아갑니다. 하지만 이 감정들이 무의식의 영역으로 이동하게 되면 우리는 이 감정들이 사라졌다고 생각할 수 있습니다. 무의식보다는 의식의 영역에서 활동하는 감정들에 일차적으로 반응하기 때문입니다. 그런데 이 감정들은 사라져 버린 것이 아니라 거대한 무의식의 공간으로 이동한 것뿐입니다.

중요한 것은 이렇게 무의식의 깊은 영역에서 활동하는 감정들과 기억들은 의식 세계에 영향을 미친다는 것입니다. 이러한 영향은 그 주제에 대해 대화할 때의 감정과 반응을 통해서 알 수 있습니다. 만약 제가 10년쯤 후에 엄마에 대해서 궁금해하는 딸에게 엄마 이야기를 꺼내지도 못하게 한다면, 또는 아이가 던지는 질문에 화만 낸다면, "들어가서 공부나 해!"라고 고함을 지른다면, 저는 여전히 치료가 필요한 사람인 것입니다.

앞서 말했듯이 감정은 시간에 얽혀 있습니다. 그래서 시간이 흐를수록 극적인 감정들은 그 강도가 조금씩 줄어듭니다. 하지만 감정과는 달리 사고는 시간에 얽혀 있지 않습니다. 그래서 우리는 사고를 사용해서 감정을 치료하는 것을 도울 수 있습니다.

장례식장에서 저는 극도의 슬픔을 느낌과 동시에 이성적 사고의 작용도 느꼈습니다. 당시에는 감정이 너무 강렬해서 사고의 힘을 충분히 활용할 수 없었습니다. 이것은 매우 자연스러운 현상입니다. 하지만 시간이 점점 흐를수록 저는 사고의 능력을 활용했습니다.

머릿속에 말씀을 읽어야겠다는 생각이 떠오르면 저는 의지를 발휘해서 성경을 읽었습니다. 머릿속에서 이 고난을 극복하기 위해 상담이 필요하다는 사고가 작동하면, 저는 옷을 입고 양재동으로 가는 지하철을 탔습니다. 머릿속에서 날마다 산책을 해야 한다는 생각이 떠오르면 저는 옷을 가볍게 입고 현관문을 나섰습니다.

이처럼 사고는 시간과는 상관없이 항상 작동합니다. 하나님은 사고의 영역에서 건강한 생각들을 허락해 주심으로 우리를 인도하십니다. 하지만 감정이 극도로 흥분되어 있을 때는 사고가 정상적인 역할을 하기 힘듭니다. 그러나 시간이 흐를수록 사고를 활용해서 치료를 돕는 것이 원활해집니다.

그렇다면 항상 작동하는 사고를 통해 무의식 속에 잠재해 있는 상처들도 치유할 수 있을까요? 저는 어느 정도까지는 가능하다고 생각합니다. 물론 인간의 마음이란 워낙 신비로운 영역이기에 정답이 있다고 생각하지는 않습니다. 하지만 인간을 창조하신 하나님의 말씀이 정말 살아 계신다면, 그분의 말씀이 정말 우리의 혼과 영과 관절과 골수를 찔러 쪼개기까지 하신다면, 그분은 말씀을 통해서 우리를 치료하는 것을 기뻐하실 것입니다.

저는 하나님의 말씀을 묵상하면서 의식과 무의식을 치료해 나가고 있습니다. 이를 통해 저는 감정과 사고를 활용하여 저의 의식 세계와 무의식 세계를 치료하시는 하나님의 능력을 경험하고 있습니다. (이 방법은 스위스 출신의 의사인 폴 투르니에 박사님의 저서에서 힌트를 얻은 것입니다.)

저는 하나님이 우리를 치료해 주시는 분이라고 믿습니다. 물론 하나님께서는 각 사람에게 가장 적절한 방법으로 치료를 베풀어 주시는 분입니다. 하지만 말씀 묵상은 모든 사람을 향한 주님의 치료책이라고 생각합니다. 그래서 저는 말씀을 통해서 저의 내면을 치료하는 시간을 가지고 있습니다.

물론 아무리 성공적이라고 해도 100퍼센트 치료되어 이전과 똑같은 상태로 돌아갈 수 있다고는 생각하지 않습니다. 마치, 제가 새로운 삶의 의미를 찾게 되고 주님이 주시는 사랑 속에서 행복한 감정을 느낀다고 해서, 아내와의 추억이 잊히거나 아내의 죽음이 보상되거나 아내가 떠난 사건을 즐겁게 느낄 수는 없는 것과 같습니다. 하지만 100퍼센트 완성이 아닐지라도 주님께서 우리를 도와주신다면 우리는 그분과 함께 의미 있는 삶을 살 수 있습니다.

요즘 저는 아침에 눈을 뜨자마자 묵상을 합니다. 짧게는 30분에서 길게는 1시간 정도가 걸립니다. 그리고 점심을 먹은 뒤에 다시 묵상을 하고 저녁에 한 번 더 묵상을 합니다. 물론 저는 지금 사역을 쉬면서 회복에만 전념하는 기간이기 때문에 그렇게 할 수 있습니다.

아까 말씀드렸듯이 감정은 시간에 얽매이고, 사고는 시간에 얽매이지 않습니다. 시간이 흐를수록 감정은 의식의 영역에서 무의식의 영역으로 이동하게 되지만 여전히 의식 세계에 영향력을 끼칩니다. 우리는 사고를 사용해서 이러한 의식의 영역과 무의식의 영역을 돌보는 행동을 할 수 있습니다. 저는 묵상이 의식과 무의식을 돌보는 좋은 도구가 된다고 생각합니다 .

말씀 묵상이 무의식의 영역을 돌보는 도구가 될 수 있는 이유는 다음과 같습니다. 저는 말씀 묵상을 하면서 종종 신기한 경험을 합니다. 그것은 이전까지 기억하지 못했던 추억들과 감정들이 갑자기 떠오르기 때문입니다. 이것은 무의식 속에 있었던 기억들이 의식의 수면 위로 올라오는 것을 의미합니다. 생각이 떠오르면 저는 그것을 적습니다.

하나님….

오늘은 아내와 함께 인천대공원에 놀러갔던 기억이 납니다.

은빛 돗자리를 깔고 그늘 아래 나란히 누워 이야기 나누던
그날은 참 행복했었습니다. 처음 보는 새가 우리 근처에 있는
나뭇가지에 앉아 한참을 머물러 있었지요. 아내와 저는 그 새가
떠나지 않는 것이 참 신기했습니다. 좋은 추억이지만 기억을
떠올리니 힘이 듭니다. 다시 그녀를 볼 수 없다는 사실이
저를 너무 슬프게 합니다.

공원에서 함께 2인용 자전거를 탔던 기억도 납니다.
만 원을 주고 빌렸는데, 페달 돌리는 것이 너무 힘들어서
후회했었습니다. 우리는 함께 자전거를 타고 동물원에 가서
동물들도 구경했지요. 아내는 사막여우가 너무 귀엽다고
했습니다. 다시 그때로 돌아갈 수 있다면 얼마나 좋을까요?

… 주님….

제가 지금 슬퍼하는 걸 알고 계시죠?

주님도 저와 함께 슬퍼해 주신다고 생각해도 될까요?

저를 좀 도와주시겠습니까?

저는 이런 방식으로 주님께 저의 마음을 표현합니다. 물론 이렇게
표현한다고 해서 마음이 완전하게 치료되는 것은 아닙니다. 하지만
이런 시간을 통해서 무의식 속에서 부정적 영향을 끼치고 있던 기억
의 덩어리가 의식 세계로 올라오고, 의식 세계에 올라온 기억을 하
나님께 고백함으로써 그 기억을 만져 주시는 주님의 은혜를 경험하

게 됩니다. 지속적으로 이런 은혜를 경험하게 되면, 무의식의 영역에서 부정적인 영향력을 끼치던 기억의 덩어리들이 점점 더 의식의 영역으로 올라오게 되고, 그것들이 주님의 따뜻한 손길 안에서 감사의 선물들로 변화하게 됩니다. 이러한 과정을 통해 저의 마음은 날마다 정리되고 밝아지고 편안해지고 있습니다.

이전에는 주변 사람들과 아내에 대한 이야기를 나누는 것이 무척 힘들었습니다. 당시는 아내의 이름만 들어도 눈물이 났고, 그럴 때면 사람들은 제게 미안하다고 사과를 했습니다. 하지만 묵상 중에 떠오른 아내에 대한 기억들을 적어 가기 시작하면서 (눈물을 흘리고 마음을 찢어 가는 과정이 있었지만) 아내에 대해 사람들과 대화하는 것이 조금씩 편안해지고 있습니다. 그래서 저는 하나님께서 저의 묵상 시간을 통해 의식 세계와 무의식 세계를 돌보시고 치료해 주시고 있다고 믿습니다.

슬픔이라는 호수

저는 종종 슬픔이라는 감정에 압도당했습니다. 이렇게 슬픔에 정복당할 때면 그것에 대처할 뾰족한 방법이 없습니다. 어떤 때는 비명을 질렀고, 어떤 때는 울면서 정신없이 걸었습니다. 괴로움에 복받쳐서 제 가슴을 스스로 때려 보기도 했지만 슬픔이 사라지는 경우는 없었습니다. 한동안 저는 제가 거대한 슬픔이라는 호수에 빠졌다고 생각했습니다.

제 삶의 목표는 언제나 슬픔의 호수에서 빠져나오는 것이었습니다. 하지만 시간이 지나면서 저는 새로운 사실을 알게 되었습니다. 저는 제가 호수에 빠졌다고 생각했지만 실제로 호수는 제 안에 있었습니다. 저는 호수에 빠진 것이 아니었습니다. 제 마음속에서 아내가 차지하고 있었던 자리가 이제 거대한 호수가 되어 버렸습니다.

그래서 전 딜레마에 빠졌습니다. 슬픔의 호수를 없애기 위해 노력할 것인가? 아니면 받아들이고 품을 것인가? 호수를 없애면 고통이 과연 없어질까? (아니…. 과연 없앨 수는 있을까?) 받아들이면 내가 견딜 수 있을까? 저는 오랫동안 고민한 끝에 예수님과 함께 호수를 가꾸어 가기로 결정했습니다. 전 그곳 주변에 씨앗을 뿌리고 잘 돌보아 공원을 만들기로 했습니다.

제 모든 것을 바쳐 사랑했던 아내와의 기억은 단지 괴롭다고 해서 가차 없이 쓰레기통에 버려도 될 만한 것이 아니었습니다. 제 삶의 가장 행복한 순간들을 기억하는 것이 지금은 괴롭지만…, 예수님이 도와주신다면 그 기억들은 오히려 저와 많은 사람들의 삶을 풍성하게 해주는 아름다운 삶의 자원이 되어 줄 거라고 생각했습니다.

저는 예수님과 함께 호수에 다가가 씨앗을 뿌리고 있습니다. 물론 처음에는 호수 근처에 다가가는 것조차 힘이 들었습니다. 가까이 가면 갈수록 저는 움츠러들었고, 몸을 떨었고, 바보처럼 울었습니다. 하도 많이 울었기 때문에 (며칠 전에는 화장실에 들어가 울다가 쓰러질 뻔했습니다) 이제 저는 우는 것이 너무 지겹습니다. 사실 이 책을 쓰면서도 헤아릴 수 없이 많은 눈물을 흘렸습니다. 인간이 이처럼 끝없이 울 수 있는 존재라는 것을 이전에는 결코 알지 못했습니다. 하지만 저는 눈물을 흘리면서도 도망가지는 않았습니다. (아내가 이런 저의 모습을 보고 저를 칭찬해 줄 겁니다…. 아내 생각을 하니 다시 눈물이 나네요.) 다리를 절면서도 그곳에 다가가서 말씀이라는 씨앗을 뿌렸습니다. 저는 포기하지 않았고 예수님은 그런 저와 함께해 주셨습니다.

아직도 저는 예수님과 함께 말씀의 씨앗을 뿌리고 있습니다. 지금은 제가 뿌린 씨앗들이 조금씩 싹을 틔우고 있는 중입니다. 물론 아직도 슬픔의 호수는 시시로 저에게 버거운 감정을 불러일으킵니다. 눈물과 부정적인 생각이 흘러나오는 한편, 이해할 수 없는 분노가 머리끝까지 차오르기도 하지요. 그래도 저는 싹을 틔우는 말씀의 씨앗들을 보며 소망과 능력을 얻습니다. 이러한 소망과 능력은 얼마 전까지만 해도 제게 먼 이야기였습니다. 감히 제가 상상할 수 없는 것이었지요. 그때는 그저 슬픔만이 느껴졌고, 다만 살아남기 위해서 허우적거리는 것이 제 일상의 전부였기 때문입니다.

저는 하나님이 정말 선하신가에 대해 오랫동안 골몰했습니다. 선하신 하나님이 아내를 데려가시는 장면은 도무지 받아들일 수가 없었습니다. 하나님이 선하시다는 설교를 듣는 것도 제 의심을 해결해 주지는 못했습니다. 저에게 필요한 것은 단순한 말이 아니었습니다. 저에게는 '경험'이 필요했습니다. 만약 제가 하나님의 선하심을 경험하게 된다면, 저는 억지로가 아니라 스스로 하나님의 선하심을 선포할 것이기 때문입니다.

그리고 지금, 저는 하나님의 선하심을 경험하고 있습니다. 이제 저는 말할 수 있습니다.

"하나님은 선한 분이십니다."

하나님이 선하시다는 고백은 제가 믿음으로 힘겹게 싸워서 얻은 주님의 선물입니다. 이것이 선물인 이유는 이 고백을 하도록 도와주신 분이 예수님이기 때문이고, 힘겹게 싸웠다는 것은 그 선물을 받기 위해 제가 예수님과 함께 치러야 했던 치열한 삶의 전투가 있었기 때문입니다.

야곱의 일생

저는 야곱이라는 인물을 좋아합니다. 야곱은 어려운 인생을 산 사람입니다. 그리고 저는 야곱의 그러한 점이 너무 좋습니다. 야곱과 같은 인생을 주님이 끝까지 붙들어 주셨다면, 저같이 비참한 사람도 끝까지 붙들어 주실 거라는 소망이 생기기 때문입니다.

저는 하나님이 '어쩔 수 없이' 고난을 허락하는 분이라고 생각합니다. 저에게 있어 그분은 함께 고통을 겪어 주시는 분이십니다. 살다 보면 고통스러운 순간들이 많지만, 그중에서도 특히 고통스러운 사건은 사랑하는 이를 잃어버리는 것입니다. 그러한 상실은 한 사람의 인생 전체를 망가뜨리고 찢어 놓습니다. 그래서 저는 야곱이 참 고통스러운 인생을 살았다고 생각합니다.

야곱은 사랑하는 부모님을 떠나 도망쳐야만 했습니다.

그는 20년 동안이나 부모님과 고향을 잃어버린 채 살았습니다.

야곱은 사랑하는 라헬을 떠나보내야 했습니다.

그는 사랑하는 아내를 잃어버렸습니다.

야곱은 사랑하는 요셉이 죽었다고 생각했습니다.

그는 사랑하는 아들을 잃어버렸습니다.

야곱은 최후로 남아 있던 사랑하는 아들 베냐민조차 어쩔 수 없이 이집트로 보내야만 했습니다. 그는 마지막 남은 사랑 또한 그렇게 떠나보냈습니다.

마치 하나님은 야곱에게 일부러 고난을 안겨 주시는 분처럼 보입니다. 물론 야곱이 잘못한 것들도 있겠지요. 하지만 저는 야곱이 참 불쌍합니다. 모든 것을 잃고 타지로 도망가는 야곱의 처량한 모습…. 사랑하는 여인 라헬의 식어 가는 몸을 안고 통곡하는 야곱의 모습, 자신의 모든 사랑을 쏟아부은 요셉의 찢긴 옷을 부여잡고 눈물을 흘리는 야곱, 마지막까지 붙들고 있었던 자신의 분신 같은 존재 베냐민을 이집트로 보내면서 고개를 떨구는 늙고 힘없는 야곱….

야곱의 일생은 사랑하는 사람을 잃어버리는 경험의 반복이었습니다. 결국 그는 죽음과 가까운 노년이 되어서야 자신과 자녀들을 통해서 주님이 이루신 기적을 보게 됩니다. 죽었다고 생각했던 아들이 이집트의 총리가 되어 돌아오고, 베냐민은 무사했으며, 심각한 가뭄도 더 이상 걱정할 필요가 없었습니다. 더군다나 이제부터는 요셉의 봉양을 받으며 편안하게 여생을 보낼 수 있는 안정적인 삶이 그를 기다리고 있었습니다.

하지만 저는 이런 생각을 했습니다.

"주님, 야곱은 이미 늙어 빠졌어요! 고작 17년 더 살고 죽었다고요! 이게 어떻게 하나님이 함께하시는 임마누엘의 삶입니까? 하나님이 정말 함께하신다면 적어도 이것보다는 더 행복한 삶을 살아야 하는 게 아닙니까?"

제가 볼 때, 야곱은 일생을 혼란 속에서 살았고, 원치 않는 결혼으로 인해 네 명의 아내를 맞은 형국이 되어 버렸습니다. 자신의 아내들과 자녀들은 언제나 서로를 미워했고, 첫째 아들은 자신의 아내를 범하는 하극상을 저질렀습니다. 아들들은 동생을 노예로 팔아넘기고는 동생의 옷에 피를 묻혀 자신을 속였습니다.

그런데 하나님께서는 이런 야곱을 향해 "이제부터 너의 이름을 이스라엘이라고 하겠다"고 말씀하십니다. 그리고 그분은 말 많고 탈 많은 야곱의 자녀들을 이스라엘의 12지파로 세워 주셨습니다. 이해는 잘 안 되지만 하나님은 야곱과 그의 자녀들에게 놀라운 축복을 주셨습니다.

성경은 아브라함의 하나님, 이삭의 하나님, 야곱의 하나님이라는 이름으로 그분을 소개합니다. 흥미로운 것은 아브라함의 하나님, 또는 이삭의 하나님이라는 표현은 몇 번 나오지 않는데, 유독 '야곱의 하나님'이라는 이름은 상대적으로 여러 번 등장한다는 것입니다. 그분은 자신이 야곱의 하나님으로 불리기를 원하셨습니다.

제가 보기에 야곱은 참 불행한 삶을 살았지만, 하나님께 야곱은 굉장히 소중하고 중요한 사람이었습니다. 그래서 저는 이런 상상을 해봅니다.

'야곱이 괴로운 인생을 살았기 때문에 하나님과 가까워질 수 있었나? 야곱이 고난을 통과했기 때문에 하나님을 알게 되었나? '야곱이 겪은 고난이 결국 그를 믿음의 사람으로 만들어 주었나? 그럼, 결국 고난은 좋은 것일까?'

아니요. 저는 고난이 좋은 것이라고 생각하지 않습니다. 저는 고난이란 우리가 맞서 싸워야 할 '적'이라고 생각합니다. 고난은 참 끔찍하고 아픈 것입니다. 저는 고난이 싫습니다. 하지만 그럼에도 성경에는 고난 속에서 하나님과 동행하는 사람들이 등장합니다. 그래서 저는 고난이 하나님과 동행하는 기회라는 결론을 내릴 수밖에 없었습니다.

저뿐만이 아니라, 고난은 누구에게나 괴로운 것입니다. 그리고 고난당한 사람을 더욱 힘겹게 하는 절망적인 사실은 고난이 크면 클수록 사람의 도움이 소용없다는 점입니다. 고난 속에서는 그저 하나님만을 바라보게 됩니다. 그때는 주님만이 유일한 소망입니다.

아내와의 이별로 저는 삶 가운데 중요한 선택의 기로에 서게 되었습니다. 하나님을 저주하고 죽어 버릴 것인가? 아니면 힘들지만 하나님을 믿고 순종하기로 결정할 것인가?

고난이 해결되지 않아도… 아내가 되살아나지 않아도… 아내의 몸이 화장터에서 불타 없어져 버려도…. 그럼에도 불구하고 하나님의 말씀을 읽고 기도하며 그분을 신뢰할 것인가?

여러분, 저는 하나님이 선한 분이시라고 믿습니다. 물론 하나님은 제 아내를 치유해 주지 않으셨습니다. 대신 그분은 제 아내를 천국 문 앞에서 안아 주셨습니다. 저는 고난을 찬양하지 않습니다. 하지만, 저는 고난 중에도 함께하시는 예수님은 찬양합니다.

예수님은 저의 자살 충동을 막아 주셨습니다.

예수님은 저에게 소망을 선물로 주셨습니다.

예수님은 제가 포기하지 않도록 도와주셨습니다.

예수님은 제가 다시 성경을 펼치게 해주셨습니다.

예수님은 제가 다시 찬양하도록 도와준 분이십니다.

예수님은 제 삶이 아무리 더 비참해진다 할지라도 저와 함께해 주는 분이십니다.

저는 앞으로도 훌륭한 믿음의 사람으로 살아갈 자신은 없습니다. 저는 날마다 죄를 짓고 괴로워하는 저 자신을 발견합니다. 하지만 저는 날마다 주님께 붙어 있는 연습을 하고 있습니다. 혹시 주님이 이런 저를 기뻐하신다면, 제 삶은 주님이 부어 주시는 은혜로 충만해질 것입니다.

도움과 의존

　　제가 장례식장에서 했던 유일한 일은 상주의 자리를 지
키는 것이었습니다. 다른 모든 일은 집안 어르신들과 교회 지체들이
감당해 주었습니다. 물론 제 일이 가장 힘들었습니다. (사실, 개인적
으로는 장인 장모님이 저보다 더 힘드셨을 거라고 생각합니다.) 이처럼 사
랑하는 이의 장례를 치르는 등의 큰 어려움이 찾아왔을 때, 우리는
많은 사람의 도움을 받게 됩니다. 만약 이러한 도움이 없다면 인생
의 고난을 통과하는 것은 몇 배나 더 어려울 것입니다.

　　그런데 이러한 도움에는 적절한 시기와 정도가 있는 것 같습니다.

　　도움은 기본적으로 섬김을 베푸는 것입니다. 섬김에는 크게 두 가
지 종류가 있습니다. 하나는 '직접적인 돌봄'을 베푸는 것이고 다른

하나는 거리를 유지하면서 '믿고 기다려 주는 것'입니다. 즉, 하나는 가까운 돌봄이고 다른 하나는 먼 돌봄입니다.

저는 장례식장에서 직접적으로 베푸는 돌봄을 받았습니다. 그곳에서 저는 절망의 사슬에 묶인 채 고통 가운데 신음하고 있었습니다. 제 마음속은 온통 슬픔과 절망으로 가득 차 있었습니다. 하지만 갑자기 찬양 소리가 들려왔습니다. 식장 복도에서 교회 전도사님이 기타를 치며 아내가 좋아하는 찬양을 부르고 있었습니다. 저는 한동안 그 소리를 들으며 하염없이 눈물을 흘렸습니다. 그런데 가끔씩은 저도 입을 벌려 그 찬양을 따라 불렀습니다. 찬양을 부를 때면 거대한 슬픔에 작은 균열이 생기는 것만 같았습니다. (물론 슬픔은 순식간에 자신의 상처를 치유해 버렸습니다.)

사흘 동안 계속해서 찬양을 불러 준 지체들은 저에게 많은 도움을 주었습니다. 감정적으로는 큰 변화가 없었지만 머릿속으로는 그분들의 찬양을 허락해 주신 분이 하나님이라는 것을 알았기 때문입니다. 앞에서도 말씀드렸던 것처럼 감정은 시간에 얽매이지만 사고는 시간에 얽매이지 않기 때문에 저는 시간이 지날수록 그때의 섬김을 기억하면서 하나님과 대화할 수 있는 통로를 얻을 수 있었습니다.

지체들의 섬김 중에서 가장 기억에 남는 것은 이틀째 저녁부터 사흘째 아침까지 밤을 지새워 가며 찬양을 불러 준 것입니다. 저는 밤 늦은 시간에 잠시나마 쉬고자 작은 방에 누워 있었습니다. 그때 문득 제 귀에 찬양 소리가 들려왔습니다.

아마 새벽 5시에서 6시 사이였던 것으로 기억합니다. 방바닥에 누워 고통스러워하고 있을 때, 갑자기 나사로가 부활하는 복음서 대목이 떠오르면서 제 마음에 형언할 수 없는 힘이 솟는 것을 느꼈습니다. 그래서 저는 자리에서 일어나 지체들과 함께 아침을 맞으며 찬양을 불렀습니다. 찬양을 부르는 동안 저는 아내가 나사로처럼 부활했다는 사실을 확신할 수 있었습니다.

30분 정도 계속된 그 찬양 시간 동안 저는 하나님의 도우심을 느낄 수 있었습니다. 가장 절망적인 상태에 잠겨 있던 저에게 찬양 소리를 들려주셔서 말씀을 떠올리도록 도와주신 하나님. 죽음이 가득한 장례식장에서 생명을 고백하고 예수님을 높여 드릴 수 있도록 도와주신 분. 저는 이분을 생명의 왕이신 예수님이라고 부르며 경배를 드립니다.

물론, 그 30분이 지나자 다시 슬픔이 쓰나미처럼 밀려와 제 마음을 하나님에 대한 의심과 반항심으로 가득 채우고 말았습니다. 하지만 저는 이 30분을 통해서 하나님께서 스스로 살아 계신 분이라는 것을 지체들의 찬양을 통해 보여 주셨다고 생각합니다.

바로 이런 것이 주변 사람들을 통한 하나님의 도우심입니다. 이러한 도움을 받아들일 때 우리는 주님의 은혜 안에서 지체들과 연결됩니다.

하지만 '의존'은 다릅니다. 만약 제가 지체들을 끊임없이 집으로 불러서 "나를 위해서 계속 찬양을 불러 주세요. 안 그럼 죽어 버릴 거예요" 하며 막무가내로 떼를 쓴다면 그것이 바로 의존입니다. 의존은 하나님과의 관계 안에서 형성되어야 하는 것입니다. (갓난아기나 장애인의 예외적인 상황은 배제하고 말씀드리는 것입니다.)

이처럼 도움을 받아들이게 되면 다른 지체들과 연결됩니다. 연결된다는 것은 예수님을 머리로 한 '교회'라는 몸의 한 구성원이 된다는 의미입니다. 몸은 서로를 섬기면서 영양분을 공급받게 되고, 살아서 활동하게 됩니다. 공급의 원천은 바로 예수님의 은혜입니다. 즉, 지체들을 통해서 그리스도로부터 공급되는 은혜가 흘러오는 섬김을 경험합니다. 이것은 말씀과 기도를 통한 돌봄이라고 표현할 수도 있습니다.

적절한 시기와 규모로 공급되는 섬김은 고난당하는 사람을 돕는 주님의 손길이 되어 줍니다. 하지만 사람들을 통해 도움을 주시는 주님을 인식하지 못한 채 사람들만을 인식한다면 그것은 건강하지 못한 의존입니다. 그런 사람들은 본인에게 필요한 영적, 정서적 자원들을 사람들을 통해서만 얻을 수 있다고 생각합니다. 그래서 그리스도와의 일대일 관계는 자연스럽게 빈약해집니다.

하지만 사도 바울은 자신의 전도 활동을 통해 성도가 된 사람들을 떠나면서 그들을 은혜로운 주님의 말씀에 맡겼습니다. 주님께서는 바울이라는 사람을 통해서 도움을 주시는 분이시지만, 또한 은혜로운 말씀을 통해서 돕는 분이기도 합니다. 결국 도움의 주체는 하나님이십니다. 모든 그리스도인은 주님의 말씀을 묵상하고 그리스도를 의존하는 훈련을 해야 하고, 사람들을 통해 주시는 도움도 겸손하게 받아들이는 훈련을 해야 합니다.

저는 지금까지 사람들에게 의존하는 성향이 강했습니다. 목사님의 말씀을 듣고, 지체들과 교제를 나누는 것을 통해서 많은 도움을 입었습니다. 하지만 예수님께 개인적으로 의존하는 훈련은 별로 하지 못했습니다. 그런 의미에서 저는 영적인 독립을 이루지는 못한 사람이었습니다. 저 같은 사람은 제 삶을 지탱해 주던 영적인 지원군이 사라지면 믿음이 흔들리는 사람입니다.

그래서 저의 믿음이 흔들렸습니다. 정확히 말하면 저의 믿음이 무너졌습니다. 전 기초가 부실한 사람이었습니다. 하지만 지금은 주변 사람들에게 의존하는 습관을 고치기 위해 열심히 노력하고 있습니다. 이제 저는 그리스도와의 관계를 단단히 다져 가는 일에 제 모든 것을 쏟아붓고 있습니다. 예수님을 먼저 의존할 줄 아는 사람만이 건강하게 다른 지체들과 연결될 수 있다고 믿기 때문입니다.

이처럼 한 개인이 그리스도와의 개인적인 관계를 맺어 가는 동안, 교회와 지체들이 그 사람과 함께하시는 예수님의 은혜를 믿고 혼자만의 시간과 기회를 갖도록 지켜보아 주는 것을 '보이지 않는 돌봄'이라고 합니다. 그것은 돌봄이기는 하나 적절한 거리를 유지하는 돌봄입니다. 그것은 돌봄이지만 어떠한 행동도 하지 않습니다. 그 사람을 돌보시고 끝까지 포기하지 않으시며 사랑해 주시는 그리스도를 향한 믿음이 있기 때문입니다.

저는 지금 보이지 않는 돌봄을 받고 있습니다. 저는 목사님께 1년의 시간을 요청했습니다. 많은 분들이 저를 위해 기도하고 염려해 주시는 가운데, 제가 혼자만의 시간을 통해 치유되고 성장할 것을 기다려 주고 있습니다.

지금까지 저는 교회를 지나치게 의존하는 사람이었지만, 이제는 예수님을 개인적으로 알아 가고 있습니다. 저는 점점 그리스도를 의존하는 사람이 되어 가고 있습니다. 제가 만약 주님의 사랑 안에서 뿌리를 내리고 더욱더 성장하게 된다면 하나님께서는 저를 통해 사람들에게 도움을 베푸실 것이고 저도 사람들을 통해서 여러 돌봄을 받게 될 것입니다.

삶의 한계

저는 어렸을 때부터 상상을 자주 했습니다. 그땐 공부도 못했고 친구도 없었습니다. 그저 방에 앉아 상상의 나래를 펼치는 것이 제게는 놀이였고 일상이었습니다. 그런데 제가 펼쳐 나간 상상들에는 일정한 공통점이 있었습니다. 그건 바로 '한계를 극복하는 것'이었습니다. 현실에서 저는 약골이었지만 상상 속에서는 강한 용사였습니다. 현실에서 저는 돈이 없었지만 상상 속에서는 커다란 보물 상자를 가진 부자였습니다. 현실에서는 평범한 어린이인데 상상에서는 나라를 다스리는 왕이었습니다.

저는 제 삶을 묶고 있는 한계들이 싫었습니다. 친구도 없고, 공부도 못하고, 재능도 없는 저의 한계들을 말이죠. 그래서 저는 상상의 세계 속에서 한계를 뛰어넘는 영웅이 되는 상상을 했습니다. 적어도 그 상상을 할 때면 저는 신이 났고 재미있었고 마음에 위로를 얻었습니다.

그런데 이번에는 아무리 상상을 해도 재미가 없고 위로도 느껴지지 않았습니다. 아내가 살아나는 상상을 아무리 반복해 보아도 기쁘지 않았습니다. 미소 짓는 아내의 얼굴을 떠올릴 때면 저는 눈물이 났습니다. 저는 상상을 버리고 일상을 살아갈 수 있는 현실 감각이 절실히 필요했습니다.

창세기 1장 1절에는 하나님이 온 우주를 창조하신 분으로 나옵니다. 모태신앙인인 저는 이 말씀을 믿었습니다. 그런데 저는 하나님이 창조하신 이 세상을 별로 좋아하지는 않았습니다. 이 세상은 불공평해 보였고 수많은 한계가 제 발목을 잡고 있었기 때문입니다.

더군다나 아내가 떠난 뒤로는 세상을 아주 싫어하게 되었습니다. 아내 덕분에 그나마 아름다워 보였던 세상이 이제는 아주 우울하고 절망적인 공간으로 바뀌었기 때문입니다. 처음에는 상상의 세계 속에서 아내를 되살려 위안을 얻어 보려 했지만 아무 소용이 없었습니다.

만약 상상 속에서 행복한 삶을 발견했다면, 저는 그곳에서 살기로 결정했을 겁니다. 그런데 상상 속에서는 행복한 삶을 찾을 수 없었고 저는 현실 속에서 적응해야 하는 입장이 되었습니다. 기나긴 고민 끝에 저는 고통으로 얼룩진 이 세상을 받아들이기로 결정했습니다. 저는 아내가 없는 현실을 받아들이고, 그것에 적응하기로 선택했습니다.

아내가 없는 현실을 받아들이기 위해서 저는 여러 가지 행동들을 하고 있습니다. 어제의 제 행동 하나가 생각나는군요. 어제는 오후 6시 45분쯤 산책을 시작했습니다. 30분 정도 산책을 하고 집에 돌아와 샤워를 했고 옷장을 열고는 옷을 골랐습니다. 무엇을 입을지 고민을 하다가 체크무늬 남방을 꺼냈습니다. 그 옷은 모든 단추가 채워져 있었습니다. 저는 단추들을 하나하나 풀고는 옷을 제 몸에 걸쳤습니다. 그리고 다시 단추를 채웠습니다.

저는 남방을 입은 채 아내가 사용하던 화장대 거울 앞에 섰습니다. 거울 속에는 아내와 함께 웨딩 사진을 찍었던 한 남자가 서 있었습니다. 결혼하기 한 달 전쯤 스튜디오에 갔을 때 입었던 남방, 마지막 촬영을 할 때 입고 있었던 남방, 환하게 웃으며 아내와 포옹을 나누었던 바로 그 남방이었지요.

저는 그것을 다시는 입고 싶지 않았기 때문에 모든 단추를 채워놓았습니다. 혹시 실수로라도 몸에 걸치는 걸 막고 싶었기 때문입니다. 그 옷을 다시 입으니 행복했던 웨딩 촬영 날이 생각났습니다. 그날은 날씨가 참 좋았습니다. 바람이 세게 불었던 게 흠이긴 했지만요. 그날 촬영 기사 분이 너무 많은 걸 요구했기에 우리는 피곤했습니다.

다시 그 남방을 꺼내 입은 그날 저는 그 옷을 입고 저녁을 먹었습니다. 이따금씩 옷의 밑단을 만지작거렸고, 왼쪽 가슴 부분을 쓰다듬기도 했습니다. 아내가 보고 싶었고, 눈물이 나오려 했고 (지금처럼요) 그때로 돌아가고 싶다는 생각을 했으며, 억지로 웃음을 짓기도 했습니다. 그래도 이제는 그 옷을 다시 한 번 입어 본 사람이 되었습니다. 언젠가 저는 두 번, 세 번을 입어 본 사람이 될 것입니다. 그럼 저는 지금의 현실에 더 익숙해지고, 그때쯤이면 제가 흘릴 눈물의 분량이 조금쯤 더 줄어들어 있겠지요.

추억에 잠겨서 눈물을 흘리면 흘릴수록 저는 조금씩 현실 감각을 되찾아 갑니다. 이 현실 감각은 본래는 행복한 기억이었지만 이별로 인해 괴로운 것으로 변해 버린 기억들을 다시 감사의 기억들로 변화시키는 과정에서 주어지는 감각입니다.

저는 지금 슬픔을 감사로 바꾸는 작업을 하고 있습니다. 만약 그 기억들이 계속 슬픔으로 남아 있다면, 그것들이 제 삶을 끊임없이 무겁게 하고 우울하게 만들려 할 것입니다. 하지만 만약 그 기억들을 아내가 저에게 선물해 준 감사한 기억으로 바꿀 수만 있다면 (…또 눈물이 나는군요…) 저는 그 감사한 마음을 품고 의미 있는 인생을 살아갈 수 있을 것입니다.

아무튼 이러한 저의 행동들은 아내가 없는 현실의 한계를 받아들이고 수용하는 행동들입니다. 이것은 체념과는 다른 개념입니다. 체념이란 삶의 주도권을 포기하고 삶의 흐름 속에 자기 자신을 '방치'하는 것입니다. 하지만 수용은 삶의 주도권을 포기하지 않고 예수님의 인도하심을 따라 '순종'하는 것입니다. 그런데 삶의 주도권을 잡기 위해서는 인생의 한계들을 수용하는 과정이 필요합니다. 막상 인정하는 것은 어렵지만, 우리는 자신이 가진 한계들을 기반으로 본인의 인생을 살아 내야 하는 존재입니다. 또한 우리가 가진 한계들은 사실, 우리가 살아가는 현실 세계의 유일한 기초입니다.

저는 아내가 없는 홀아비라는 저의 한계를 받아들여야 합니다.

아내를 잃은 뒤 저의 자존감은 바닥으로 떨어졌습니다. 저는 저라는 사람이 굉장히 수치스러운 존재로 변해 버렸다고 느꼈습니다. 아내 없는 홀아비라는 하찮은 계급으로 떨어진 듯한 느낌을 받았습니다. 그래서 저는 다른 사람과 동등하지 못한 열등한 존재라는 생각에 사로잡힌 채 일정한 기간을 보냈습니다. 그 기간 동안 저는 사람들의 얼굴을 똑바로 바라보지 못했습니다. 사실 지금도 사람들의 얼굴을 보면서 대화하는 것이 조금 무섭습니다. 저는 스스로를 부끄러운 사람이라고 느끼는 것 같습니다.

저는 평생 외로운 홀아비로 늙어 죽을 수도 있다는 가능성을 받아들여야 합니다. 상당히 비관적인 사고방식을 품은 채 살아온 저로서는… 제가 평생 외롭게 고생하다 늙어 죽을 것이라는 이상한 확신을 갖고 있었습니다. 처음 몇 달 동안은 앞으로 수십 년 동안 가난하고 의미 없는 삶을 살다가 비참하게 죽고 말 것이라는 부정적인 생각들이 제 삶을 짓눌렀습니다. 이런 생각을 할 때면 저는 그저 도망치고 싶은 충동을 느꼈습니다.

그러나 지금은 하나님이 가장 선한 길로 저를 인도해 주실 것을 믿습니다. 물론 그 확신이 조금 부족하지만요. 그럼에도 저는 지금 제 앞에 놓인 삶의 한계들을 받아들여야 합니다. 왜냐하면 한계를 받아들인 사람만이 그 한계 위에 현실을 세워 나갈 수 있기 때문입니다.

저는 제 딸이 친엄마의 사랑을 받지 못하고 살아야 한다는 한계를 받아들여야 합니다. 사랑하는 아내를 닮은 예쁜 저의 딸은… 태어나서 3주 만에 엄마를 잃어버렸습니다. 정작 자신은 엄마가 어떻게 생겼는지 전혀 모르지만요. 지금은 외할머니와 외할아버지의 헌신적인 사랑을 받으며 잘 자라고 있습니다. 그럼에도 친엄마가 없다는 것은 이 아이에게 굉장한 아픔이고 커다란 삶의 공백일 것입니다. 어떤 분들은 저에게 엄마의 몫까지 사랑해 주라고 말씀하시더군요. 하지만 저는 그 말에 동의할 수 없습니다.

그건 일종의 환상입니다. 아빠의 사랑을 두 배로 준다고 해서 엄마만이 줄 수 있는 사랑이 충족되지는 않을 테니까요. 그렇다고 제가 포기하겠다는 것은 아닙니다. 저는 그분의 사랑 속에서 아름다운 인생을 영위한 고아(편부모 가정을 포함하여)의 이름들을 성경에서 발견할 수 있습니다.

저는 저를 바라보는 사람들의 시선을 인정하고 받아들여야 합니다. 사별한 사람은 종종 불행이라는 공인인증서를 발급받은 사람처럼 취급되기 마련입니다. 이 증서에는 놀라운 힘이 있습니다. 처음 만난 사람이 저에게 결혼과 관련된 질문을 하면 저는 아내의 이야기를 꺼냅니다. 그럼 그분은 마치 미리 준비라도 했다는 듯이 "미안합니다"라고 말합니다. 저는 도대체 무엇이 미안한 건지 잘 모르겠습니다. 그 순간부터 저를 대하는 그 사람의 태도가 조심스러워지는 것을 느낍니다.

물론 이해할 수 있습니다. '저 사람을 어떻게 대해야 하지?'라는 질문이 머릿속에서 왔다 갔다 하고, '혹시 말실수하면 안 될 텐데'라는 걱정이 마음속에서 도사리고 있을 테니까요. 이런 순간이 오면, 저도 동시에 긴장감을 느끼게 됩니다. 저는 그 사람 앞에서 슬프든 슬프지 않든 '슬픈 사람'의 연기를 해야 한다는 부담감을 느낍니다.

반대의 경우도 있습니다. 평소에 저를 아는 분들은 저를 편안하게 대해 주십니다. 딜레마는 바로 여기에서 시작됩니다. 어떤 날은 우울하고 어떤 날은 기분이 좋습니다. 그런데 어느 날 제가 우울증 환자처럼 행동을 하면 순식간에 분위기가 흐려집니다. 누구는 아니라고 말씀하시겠지만, 모두가 느낄 수 있는 사실인 걸요. 괜찮다는 말도 그리 효과는 없습니다. 저는 본능적으로 분위기를 흐린 것에 대해 죄책감과 미안함을 느낍니다. 그래서 저는 가끔씩 괜찮은 척 연기를 합니다. 저를 따뜻하게 용납해 주시는 분들이 계신다 해도…, 지속적으로 몇 달 동안 짜증과 분노를 드러내는 것은 저 자신이 스스로에게 허락할 수 없는 일입니다.

저는 아무도 저를 이해해 주지 못한다는 한계를 받아들여야 합니다. 제 생각에 모든 고통은 개인이 가진 고유한 소유인 것 같습니다.

고통을 당할 때 많은 분의 섬김이 제게 도움과 힘이 되는 것은 사실입니다. 그러한 도움과 힘이 없었다면 저는 다시 일어나지 못했을 것입니다. 하지만 힘이 되는 것과 진정으로 위로가 되는 것에는 차이가 있습니다. 진정한 위로는 오직 예수님만이 주실 수 있는 것이라고 저는 믿습니다. (물론 사람을 통해서 주시는 그분의 위로를 인정합니다.)

사람의 위로가 제게 큰 도움이 되지 않는다는 한계를 받아들였을 때, 저는 저를 위로해 주실 수 있는 유일한 분 그리스도께 저의 삶을 바치기 시작했습니다. 저는 제 삶의 한계들을 인정했고, 그 자리에 예수님을 초청했습니다. 자비로우신 예수님은 제 기도를 들어주셨고, 지금도 그분은 제 고통 속에 들어오셔서 따뜻한 위로를 베풀고 계십니다.

한계를 수용한다는 것은 매우 기독교적인 가치입니다. 이것은 주님이 정해 주신 경계선을 받아들이는 것입니다.

인간은 삶에서 존재하는 한계들을 수용할 때 '겸손'을 배울 수 있습니다. 죽음이라는 한계를 인정할 때 생명을 주신 예수님께 감사의 기도를 드릴 수 있습니다. 체력의 한계를 인정하는 사람은 휴식과 수면을 통해서 새 힘을 공급해 주시는 하나님을 찬양할 수 있습니다. 능력의 한계를 수용하는 사람은 모든 것을 초월해서 우리를 도와주시는 주님을 경험할 수 있습니다.

한계를 수용한다는 것은 인생의 주인이 내가 아니라 하나님인 것을 인정하는 것이며, 이로써 하나님이 우리의 인생을 다스리시는 통치권자라는 것을 인정하는 것입니다. 우리가 한계를 예수님께 맡겨 드릴 때 예수님께서는 그 한계 안에서 (때로는 그 한계를 뛰어넘으셔서) 그분의 뜻을 놀랍게 이루어 가십니다.

저는 이제야 제 삶의 한계들을 인정하고 받아들이는 것을 배우고 있습니다. 저는 아주 조금씩 예수님께 저의 한계들을 내어 드리는 훈련을 하고 있습니다. 주님께서 저를 불쌍히 여기셔서 저를 도와주신다면, 저는 그분과 함께 살다가 그분이 정해 주신 시간에 아버지의 집으로 돌아가고 싶습니다.

제가 주님께 가까이 다가갑니다.
제가 당신의 말씀을 품에 안고 사랑할 것입니다.
당신의 순결한 말씀으로 저를 위로해 주십시오.
당신의 말씀으로 저를 인도해 주십시오. 주님….
저는 주님의 것입니다.
_'고통의 문제'에서

맺는말

2013년 10월부터 지금에 이르기까지 저는 한순간도 쉬
지 못했습니다. 몸은 쉴 수 있었지만 마음은 언제나 깨어 있어야 했
습니다. 11개월 동안은 아내의 건강을 위해 동분서주했고, 10개월
동안은 아내와의 이별을 받아들이기 위해 몸부림쳤습니다.

감사하게도 이 책을 쓰는 것이 저 자신에게 굉장한 도움이 됐습니
다. 제 내면에 있는 슬픔을 글로 옮기는 것은 몹시도 어려운 작업이
었지만, 예수님께서는 이 과정을 통해 저를 치료하시고 도와주셨습
니다. 물론 아직도 저는 내면의 싸움을 계속하고 있고, 그분과 동행
하며 사는 훈련을 하고 있습니다.

아내와 웨딩 촬영을 한 체크무늬 남방을 얼마 전에 한 번 더 입었

습니다. 최근에 아이를 떠나보낸 어머니와 만나는 자리였고, 저는 그 옷을 입는 것이 그분께 예의를 갖추는 것이라고 생각했습니다.

요즘은 피아노를 치지 않습니다. 모든 것에 쉽게 질리는 저의 성격 때문이겠지요. 다시 치고 싶은 생각이 들 때까지 관상용으로 내버려 둘 생각입니다. 최근에는 책을 읽는 것에 거의 모든 시간을 투자하고 있습니다. 아침에 눈을 떠서 저녁에 눈을 감을 때까지 성경과 신앙 서적들을 읽는 것이 제 삶에 활력소가 되어 주고 있습니다.

며칠 전에는 개인적으로 화가 나는 일이 있었습니다. 저는 베란다에 놓인 하얀 서랍장 맨 위 서랍을 열어 망치를 꺼내 들고는 피아노를 때려 부수겠다고 달려들었습니다. 옆에 있던 형이 말렸기 때문에 다행히 망치를 휘두르지는 않았지만, 제가 얼마나 연약한 죄인인지를 다시 한 번 절감했던 사건이었습니다. 평생 조용하고 소심하게 살아왔기 때문에 저는 제가 폭력적이지 않은 사람이라고 늘 생각했습니다. 하지만 아내를 떠나보낸 뒤 평소와는 다른 성격이 드러날 때마다 저 스스로도 깜짝 놀라곤 합니다. 저의 이런 점에도 불구하고 예수님이 저를 버리지 않으셔서 참 감사드립니다. 주님은 언제나 저를 오래 참아 주시고 따스하게 대해 주십니다.

마지막으로 한 편의 시를 소개하고 싶습니다. 바로 김현승 시인의 〈가을에는 기도하게 하소서〉라는 시입니다. 저는 이 시를 학창 시절에 교과서에서 보았습니다. 그때는 이 시가 단지 학습의 대상에 불과했습니다. 하지만 인생의 굴곡을 건너온 저는 지금 이 시를 보면서 새로운 깨달음과 힘을 얻습니다.

시에서 언급되는 '가을'은 고난의 계절을 상징합니다. (또는 노년기를 상징하지요.) 낙엽이 지는 것은 인생의 모든 성취와 업적이 사라지는 것입니다. 저에게 있어서 낙엽은 제 삶의 행복이었던 아내였습니다. 그런데 하나님은 제 행복의 이파리들이 떨어지는 것을 기다리고 계셨다고 합니다. 왜냐하면 행복을 잃었을 때에만 받아들일 수 있는 귀한 선물이 있기 때문입니다.

그 선물은 바로 주님의 말씀입니다. 그 선물은 바로 주님과의 교제입니다. 시인은 그것을 '겸허한 모국어'라고 표현합니다. 우리 영혼의 가장 근본적이고 본질적인 언어인 주님과의 교제, 바로 말씀으로 주님과 나누는 깊은 교제를 뜻합니다.

시인은 고난과 실패가 가득한 가을을 '사랑해야 할 때'라고 말합니다. 인생이 실패했을 때는 더 이상 세상을 사랑하는 것이 아니라 그리스도라는 한 분을 택해야 한다고 말합니다. 시인은 가장 아름다운 열매인 우리 자신을 위해 이 비옥한 시간(고난, 가을)을 가꾸라고 권면합니다.

시인은 고난의 때에 '홀로 있을 것'을 이야기합니다. 인생에는 언제나 굽이치는 바다처럼 험난한 시간들과 백합 골짜기 같은 짧은 행복이 주어지지만, 결국 마른 나뭇가지 위에 다다른 까마귀처럼 세상의 덧없음을 깨달아야 한다고 말합니다.

시인은 지금이 기도해야 할 때라고 말합니다. 우리를 향한 주님의 개인적인 사랑으로 마음을 가득 채우는 시간이라고 말합니다. 우리가 시인의 권면처럼 예수님의 말씀으로 우리의 마음을 가득 채운다면, (비록 우리는 날마다 회개해야 하는 죄인이지만) 우리 자신을 아름다운 열매로써 그리스도께 내어드릴 때 우리는 "잘했다. 착하고 충성스러운 종아…. 네 주인의 즐거움에 참여하라"는 음성을 들을 수 있을 것입니다.

그 음성을 들으면 우리의 모든 눈물이 씻길 것입니다. 그 음성을 들으면 우리의 고난을 통해 하나님께서 어떤 영광스러운 결과를 만들어 냈는지 알게 될 것입니다. 항상 고난을 당하고 눈물 마를 날 없을지라도 우리가 그분의 칭찬을 듣는다면 생각하지도 못했던 놀라운 보상을 받게 될 것입니다.

보이지는 않지만, 주님의 약속을 믿고 그것을 의지하며 사는 것이 인생입니다. 저는 이제야 인생의 첫걸음을 떼었습니다. 저는 이 시간을 겸허한 모국어로써 내면을 채우는 기회로 삼고 있습니다. 저의 바람은 삶이 끝나는 날까지 계속 주님의 말씀을 사랑하는 사람이 되고 싶다는 것입니다. 저는 다시 죄를 짓고 넘어지겠지만, 그때마다 다시 일어나서 그분이 내미는 손을 붙잡을 수 있다면 참 좋겠습니다.

책을 마무리하니 약간의 안도감이 밀려옵니다. 꼭 해야만 하는 일을 다 마쳤을 때 맛볼 수 있는 감정이라고 생각합니다. 저는 이 책이 누군가에게 도움이 되기를 원합니다. 그리고 만약 도움이 되었다는 말을 누군가로부터 듣게 된다면… 제 아내가 겪은 고통과 죽음을 통해 성령님께서 허락하신 열매라고 생각하게 될 것 같습니다. (그래도 괜찮을까요?)

감사합니다. 말씀을 따라 예수님과 동행하는 모든 분들이 저의 가족이라고 생각합니다. 주 예수님의 은혜와 사랑이 넘치기를 기도드립니다. 샬롬….

2016년 8월

송인경

결혼에 울다
The Woes of Marriage

2016. 9. 1. 초판 1쇄 인쇄
2016. 9. 9. 초판 1쇄 발행

지은이 송인경
펴낸이 정애주
국효숙 김기민 김의연 김준표 김진원 박세정 박혜민
송승호 오민택 오형탁 윤진숙 이한별 임승철 임진아
정성혜 조주영 차길환 한미영 허은
펴낸곳 주식회사 홍성사
등록번호 제1-499호 1977. 8. 1.
주소 (04084) 서울시 마포구 양화진4길 3
전화 02) 333-5161
팩스 02) 333-5165
홈페이지 www.hsbooks.com
이메일 hsbooks@hsbooks.com
페이스북 facebook.com/hongsungsa
양화진책방 02) 333-5163

ⓒ 송인경, 2016

ISBN 978-89-365-1177-7 (03230)